Thomas Ebermann
Linke Heimatliebe
Eine Entwurzelung

konkret texte 75

KVV **konkret**, Hamburg 2019

Titelmotiv: Alamy Stock Photo

2. Auflage 2019

Gestaltung & Satz: Niki Bong

Druck: Beltz Grafische Betriebe, Bad Langensalza

ISBN 978-3-930786-87-9

Thomas Ebermann

Linke Heimatliebe

Eine Entwurzelung

Inhalt

Vorwort

Von Thorsten Mense

Es gehört zu den undankbaren Seiten der Kritik an den gesellschaftlichen Verhältnissen, dass sie bisweilen von den gesellschaftlichen Entwicklungen überholt wird. Als Thomas Ebermann und ich im Winter 2017 beschlossen, das Thema »Heimat« zu bearbeiten, hielten wir uns für überaus schlau und vorausschauend. Wir hatten beide den Eindruck, dass Heimat sich gerade anschickte, die Nachfolge von Nation und Leitkultur anzutreten, und dass da – noch versteckt – im Inneren der Gesellschaft etwas Bedrohliches entstehe, was man in kritischer Absicht an die Oberfläche befördern müsse. Das identitäre Bedürfnis, auf rechter wie auf linker Seite, das sich sonst vor allem in der Verklärung und Anrufung von Volk und Nation ausdrückte und das bei uns beiden seit Langem einen Schwerpunkt in unserer Kritik eingenommen hatte, war dabei, eine neue Ausdrucksform zu finden, so schien es uns. Dabei sahen wir jedoch nur das Offensichtliche, kurz darauf wurde in Deutschland ein eigenes Ministerium für Heimat eingerichtet. Von nun an wurden wir mit Material überschwemmt.

Die Absurdität, Beliebigkeit und das Ausmaß der neu und wieder entdeckten Heimatliebe ließ uns oft mit Staunen zurück. Heimat ist »der Duft der Bratwurst«, aber auch »der Mond, der den Wanderer in der Nacht begleitet«, aber vor allem anderen »ein gutes Gefühl«, durften wir lernen. »Heimat braucht Klimaschutz«, erklärt uns Greenpeace, »Umweltschutz ist Heimatschutz« die NPD, und Kaufland möchte, dass wir im Supermarkt »Heimat neu entdecken«. Seitenlange Feuilletondebatten, stundenlange Radiofeatures und Fotowettbewerbe begleiteten unsere Arbeit. Der damalige Vizekanzler Sigmar Gabriel verlangte Ende 2017 im »Spiegel«, dass die SPD sich statt mit Umverteilung mit Identität und Heimat beschäftigen solle. Kurz zuvor hatte es Bundespräsident Frank-Walter Steinmeier in seiner Ansprache zum Tag der Deutschen Einheit geschafft, das Wort »Heimat« in 30 Minuten ganze 19 Mal zu verwenden. Heimat wurde zum politischen Kampfbegriff schlechthin. Man verteidigt sie und die jeweils spezifische Vorstellung von ihr mit Büchern, Debattenbeiträgen, Ministerien, Demonstrationen oder Anschlägen auf Flüchtlingsunterkünfte. Die publizistische wie politische Heimattümelei wird von einer (pop)kulturellen Mobilmachung begleitet, von deren Ausmaß ein Blick in die Bestsellerlisten oder die ausverkauften Stadien bei Konzerten des »Volks-Rock'n'Rollers« Gabalier nur eine Ahnung vermitteln kann.

Heimat boomt, und es scheint kein Entrinnen zu geben. Noch mehr aber als dieser Wahn in Politik, Kultur, den Medien und der Werbung erstaunt die laute Absenz von Kritik. Alle streiten und debattieren, was Heimat ausmache, wie sie kulturell und politisch zu deuten und bestimmen sei, aber kaum jemand stellt das Konzept an sich, das »Gefühl« und die darin steckende Sehnsucht nach natürlicher Zugehörigkeit infrage. So sind sich trotz aller oberflächlichen Differenzen in der sogenannten Heimatdebatte in einem Punkt alle Beteiligten einig: Heimatlosigkeit ist ein existenzieller Mangel oder gar eine psychische Störung. Während es aus – wenn auch oft kleinen – linken Kreisen stets (auch) radikale und unversöhnliche Kritik an Formen regressiver Kollektivität und natürlicher Vergemeinschaftung gab, und selbst das linke und grüne liberale BürgerInnentum zumindest vorsichtig mit Begriffen wie Volk und Nation umging, scheint im Fall der Heimat aller Verstand außer Kraft gesetzt. Jeder und jede will sie haben, lieben, vermissen, verteidigen und tief im Herzen tragen. Umfragen zufolge verbinden über 90 Prozent der Deutschen mit Heimat etwas Positives. Wo bleibt der Argwohn, die Skepsis, die Negation, wenn alle das Gleiche wollen und vor allem fühlen? Das Blühen der Heimatwiesen blendet offenbar selbst den kritischen Geist.

Zugleich tun dabei fast alle Beteiligten so, als ob ihnen die Heimat schon immer eine Herzensangelegenheit gewesen sei. Was eine glatte Lüge ist, denn bis vor wenigen Jahren spielte das Wort in der Politik kaum eine Rolle. Wann das begann, lässt sich recht einfach bestimmen: Nämlich als in Österreich »die soziale Heimatpartei« FPÖ sich anschickte, ihren Platz auf der Regierungsbank wieder einzunehmen, und sich in Deutschland abzeichnete, dass die AfD, die »einzig wahre Heimatpartei« (A. Gauland), ernstzunehmende Chancen auf politische Einflussnahme im Bund hat. Heimat entspringt dem Diskurs der Rechten.

Sie fahren damit Kampagnen, widmen ihr lange Programmpassagen, produzieren Hashtags und T-Shirts. Die rassistische Mörderbande Nationalsozialistischer Untergrund (NSU) ging aus dem »Thüringer Heimatschutz« hervor, und die Cottbusser RassistInnen, die gegen Geflüchtete und für Grenzschließung demonstrieren, nennen sich »Zukunft Heimat«. Die AfD will »der Heimat eine Zukunft geben«, und das heißt, wie auf ihren Wahlplakaten zu sehen ist: »konsequent abschieben« und Nato-Stacheldraht um Deutschland. Bei Rechten und Neonazis ist Heimat und ethnische Homogenität identisch, die »national befreite Zone« letztinstanzlich heimatliches Ideal. Noch vor wenigen Jahren wähnte sich dieses politische Milieu in Opposition zum Mainstream: »Heimatliebe ist kein Verbrechen«, fühlte sich die »Identitäre Bewegung« genötigt zu betonen. Heute müssen sich die FaschistInnen mit den Grünen streiten, wessen Liebe zu Deutschland größer und wahrer ist. »Wir lieben dieses Land! Es ist unsere Heimat! Für diese Heimat werden wir kämpfen!« Dieser Schlachtruf stammt nicht von den Identitären, sondern von der grünen Fraktionschefin Katrin Göring-Eckardt.

Dass Heimat der Kampfbegriff der Nazis ist, ist den andern peinlich: Sie wollen ihre Heimat retten, vorm angeblichen Missbrauch schützen, aus dem braunen Sumpf ziehen. Man kennt das von den Debatten über die Nation. Und doch verblüffen Eifer und Vehemenz, mit denen darum »gekämpft« wird. Heimat sei ebenso wie Identität und Leitkultur zu einer »Geisel« der Rechten geworden, man müsse sie befreien, fordert die stellvertretende Chefredakteurin des »Spiegel«, der sich für »liberal, im Zweifelsfall links« hält. Präsident Steinmeier hatte zum Tag der Deutschen Einheit gesagt: »Diese Sehnsucht nach Heimat dürfen wir nicht denen überlassen, die Heimat konstruieren als ein ›Wir gegen Die‹, als Blödsinn von Blut und Boden.« Einer der Ersten, die ihm beipflichteten, war der damalige Vorsitzende der Grünen, Cem Özdemir. Er lobte, »dass der Bundespräsident den Heimatbegriff positiv setzt und nicht denen überlässt, die unsere Republik schlechtreden und unser Land spalten«. Und auch Thüringens linker Ministerpräsident Bodo Ramelow lässt sich die Heimat »von keinem Nazi wegnehmen« und erteilt jeder kritischen Reflexion darüber vorab eine Absage: »Da bin ich stur.«

Aber wie immer wenn rechte Begriffe und Konzepte den Rechten nicht »überlassen« werden sollen, übernimmt man sie, lässt sie harmlos erscheinen und hilft auf diese Weise den Inhalten, die die gleichen geblieben sind, bei ihrer Verbreitung. Wenn dann gar die Inbeschlagnahme von Heimat, Volk und Vaterland zur »Kampfansage an rechts« (Peter Zudeick) umgedeutet wird, braucht man sich nicht mehr wundern, wenn ein großer Teil des völkischen Milieus in Deutschland wirklich nicht verstehen kann, warum es »in die rechte Ecke gestellt« wird.

Von der »Zeit«, die diskutiert, ob man Menschen in Seenot ertrinken lassen soll, über den CSU-Landeschef Alexander Dobrindt, der rechtsstaatliche Hilfe für Geflohene als »Anti-Abschiebe-Industrie« verunglimpft, bis zur AfD im Bundestag, immerhin Oppositionsführerin, die mit NS-Vokabular (»Volksgemeinschaft«) hantiert: Am öffentlichen Diskurs kann man sehen, was bereits wieder verhandelbar geworden ist. Ihren Anfang hatte die Ausweitung des Sag- und Machbaren schon 2006 beim Fußball-Partypatriotismus des »Sommermärchens« genommen, als alle ermutigt wurden, endlich wieder stolz auf sich und ihr Deutschland zu sein. Es war diese Wiedergutwerdung der Deutschen, die dem völkischen Nationalismus seine Chance gab. Gut zehn Jahre später zieht mit der AfD eine völkische Partei unter dem Motto »Mut zu Deutschland« in den Bundestag ein. »Heimat bewahren« war ein anderer ihrer Slogans. Nun gibt es dafür ein Ministerium, und alle überbieten sich in ihrer Heimatliebe. Vor zehn Jahren noch veranstalteten die Grünen eine Konferenz mit dem Titel: »Heimat – Wir suchen noch«. Vor einem Jahr hatten sie die ihre gefunden: »Des Glückes Unterpfand«, so lautete das Motto, mit dem die grünen Parteivorsitzenden Annalena Baerbock und Robert Habeck 2018 auf politische Sommertour gingen. Statt sich Gedanken zu machen, wie eine zukünftige Gesellschaft der Vielen aussehen könnte, graben sie in Kampfliedern vergangener Zeiten nach der deutschen Identität.

Der Boom der Heimat ist das Grundrauschen der gesellschaftlichen Rechtsentwicklung. In ihm zeigt sich nicht nur die Übernahme rechter Begriffe in den öffentlichen Diskurs, sondern ebenso ein weit verbreitetes reaktionäres Bedürfnis nach natürlicher Zugehörigkeit, Authentizität und Ursprünglichkeit. Seit Jahren erleben die Verkaufszahlen von Trachtenmode einen rasanten Anstieg, die auflagenstärkste Publikumszeitschrift (neben den Fernsehmagazinen) ist das Blumen-und-Boden-Lifestyle-Magazin »Landlust«, und überall sprießen, satt budgetiert vom Staat, Heimatfestivals und -projekte aus dem Boden.

Aufgabe der Kritik ist es, die gesellschaftlichen Ursachen hierfür herauszuarbeiten. Heimat ist die falsche Antwort auf die falschen Verhältnisse. Dabei ist die Entfremdung, der Kontrollverlust und die soziale Desintegration, aus dem sich dieses Bedürfnis speist, eine reale Erfahrung. Wer sich aber in die Heimat flüchtet, will die Welt nicht ändern, sondern die Menschen mit den Verhältnissen versöhnen. Eine Flucht, die nur nach hinten gehen kann.

Die Heimatdebatte überdeckt die materiellen Ursachen der Entfremdung und geht einher mit einer Entpolitisierung gesellschaftlicher Probleme. Plötzlich ist alles Heimat: der Ausbau des Breitbandnetzes, der Nahverkehr, bezahlbarer Wohnraum, ausreichende Rente, der Schutz der Natur. Als bloße soziale Forderungen scheinen diese kaum noch Berechtigung zu besitzen. Und wenn die Mieten weiter steigen, und die Renten weiter sinken, und der Bus immer noch nicht ins Dorf fährt, sind eben die Leute verantwortlich, die hier fremd sind und denen an unserer Heimat nichts liegt. Aus dem Gerede über die »globalistische Klasse« und die »wurzellose« Elite lugt bereits das antisemitische Ressentiment hervor. Und bis in die Linkspartei wird der Konkurrenzkampf zwischen Autochthonen und Zugewanderten beschworen.

Heimatminister Horst Seehofer machte in der »Frankfurter Allgemeinen« deutlich, worum es bei der Debatte eigentlich geht: Nation und Leitkultur seien mittlerweile zu »streitbelastet«. Heimat ist die Modernisierung ethnisch-kultureller Gemeinschaftsvorstellung, eine Neuauflage der bekannten Debatten um Volk, Nation und Identität. Und somit eine Einstimmung auf kommende Zumutungen und Unmenschlichkeiten. Vieles, was gerade im Namen der Heimat verhandelt wird, ist uns aus den alten Debatten geläufig. Aber eines ist neu: Alle machen mit. Aus allen Mündern schallt es »Heimat schützen! Heimat bewahren! Wir kämpfen für die Heimat!« – man könnte meinen, wir befänden uns bereits im Krieg. Es ist kein Zufall, dass die Heimatdebatte 2015 mit der Ankunft der ersten Geflüchteten begann. Jedoch nicht, um gemeinsam mit den – in ihrer Gesamtzahl im Übrigen vernachlässigbaren Anzahl – Neuankömmlingen eine Vorstellung von Gesellschaft – und eben nicht Gemeinschaft – zu entwickeln, die der postmigrantischen Realität entspricht. Sondern man will die Reihen an der Heimatfront schließen. Die Deutschen sind wieder einmal auf der Suche nach sich selbst. Eine Suche, die jene, die möglicherweise nicht zum »Wir« gehören dürfen, mit großer Sorge betrachten sollten.

Viele Linke wollen das reaktionäre und gewalttätige Potenzial von Heimat nicht erkennen und werden daher kaum verhindern können, dass die regressive Gemeinschaftsvorstellung hier Wurzeln schlägt. Als Medico International, Kritnet und das Institut für Solidarische Moderne im Sommer 2018 versuchten, mit einer Petition unter dem Titel »Solidarität statt Heimat« die Reste der sogenannten Zivilgesellschaft gegen die immer offener zu Tage tretende Barbarei in der Flüchtlingspolitik zu mobilisieren, wurden sie von den eigenen GenossInnen gerügt: Es müsse »Solidarität und Heimat« heißen – dabei ist es gerade dieses »und«, das den Spruch in jede Pegida-Kundgebung integriert. Auch der Autor dieser Zeilen bekam den linken Heimatschutz zu spüren, als er in der Tageszeitung »Neues Deutschland« unter der Überschrift »Ein brutales Gefühl« einen kritischen Heimat-Artikel veröffentlichte. Viele Linke wollen sich nicht nur von den Rechten die Heimat nicht wegnehmen lassen, sondern noch viel weniger von anderen Linken, die Bedenken anmelden angesichts dieser autoritären Formierung einer neuen deutschen Identität.

Stattdessen forderte und veröffentlichte der vermeintlich kritische Theoretiker Christoph Türcke schon Mitte der 2000er Jahre »eine Rehabilitierung« der Idee, Sahra Wagenknecht behauptet, Heimat sei »kein rechter Begriff«, und Diether Dehm wiederum, ein besonders schönes Querfront-Exemplar der Linkspartei, fragte Ende 2018 im »Neuen Deutschland«: »Haben denn nicht alle Menschen ihre Ansprüche auf von Freihandelsterror verschonte Heimaten, mit regionalen Kreisläufen, sozial gesichert und ohne Krieg?« Wer so etwas schreibt, weiß zugleich, dass es außerhalb der eigenen Scholle »Freihandelsterror« und Krieg geben muss, nur so kann die eigene Heimat davon verschont bleiben. Roberto J. De Lapuente forderte ein paar Monate zuvor »progressive Heimatgefühle« ein. Und wie De Lapuente hält es auch Bodo Ramelow für einen schweren Fehler, dass die Linke mit Heimat nichts anfangen könne. Er hingegen sei stolz, dass er das Brauchtum in Thüringen so stark gefördert habe wie kein Landeschef zuvor.

Werfen wir einen kurzen Blick nach Thüringen, wo Ramelow seit 2014 im Amt ist (oder – demnächst – war?): Das Wirtschaftswachstum ist stabil, die Exporte ins Ausland steigen, ebenso die Löhne, und die Arbeitslosigkeit ist mit fünf Prozent auf den niedrigsten Wert seit der Wende gefallen. Ebenso niedrig ist mit 4,7 Prozent der Anteil nicht-deutscher Menschen im Freistaat. Für viele ThüringerInnen, denen es der Statistik nach doch eigentlich ganz gut geht, ist das aber immer noch zu viel. Über die Hälfte von ihnen, nämlich 58 Prozent, halten die Bundesrepublik für »in gefährlichem Maß überfremdet«, wie der »Thüringen Monitor« der Universität Jena zeigt, der im November 2018 veröffentlicht wurde. 49 Prozent sind der Meinung, dass MigrantInnen nur nach Deutschland kämen, um den Sozialstaat auszunutzen. Vier Jahre zuvor lag dieser Wert noch bei 36 Prozent.

Nun, die Leipziger Autoritarismus-Studie zeigt für den gesamten Osten Deutschlands ähnliche Ergebnisse. Doch es fällt auf, dass die Zustimmung in Thüringen zu den verschiedenen Aspekten der »Ausländerfeindlichkeit« nochmal fünf bis zehn Prozent größer ist als im ostdeutschen Durchschnitt, während es dem Land zugleich wirtschaftlich in den meisten Bereichen besser geht als den Nachbarländern. Seit dem Amtsantritt der – damals bundesweit ersten – rot-rot-grünen Landesregierung im Jahr 2014 sind fremdenfeindliche und rassistische Einstellungen im Freistaat stetig und massiv angestiegen, in manchen Bereichen gar um ein Drittel. Warum? Auch darauf bietet die zitierte Studie Antworten: 96 Prozent der Befragten gaben an, dass ihnen ihre Heimat »wichtig« oder »sehr wichtig« sei, womit die ThüringerInnen noch über dem Bundestrend liegen. Je stärker die Heimatliebe, desto größer das Ressentiment gegen MigrantInnen, so das Fazit der Untersuchung. Ramelow will diesen Zusammenhang nicht sehen: »Wenn jemand seine Heimat als Schutzraum sieht, soll er diesen Schutzraum haben«, hatte er bereits zuvor in einem Interview erklärt. Ein gefährliches Versprechen, denn wovor jene ihre Heimat geschützt sehen wollen, zeigt die Studie unmissverständlich. »Heimat als Schutzraum« und »Thüringer Heimatschutz« liegen näher beieinander, als Ramelow lieb sein kann.

Natürlich verfolgen die zivilgesellschaftlichen und linken Versuche, Heimat und die Sehnsucht nach ihr für eigene Anliegen in Anschlag zu bringen, andere Ziele als der völkische Mob in Cottbus, Chemnitz oder Köthen. Nicht jeder Mensch, der nach Heimat ruft, meint damit »Ausländer raus!«. Daher bedürfen jene Versuche zwar einer differenzierten, aber eben in der Kritik doch ebenso unnachgiebigen Auseinandersetzung. Hier ist dem Autor Michael Scharang uneingeschränkt recht zu geben: »Das alte Gejammer von der heimatlosen Linken ist jämmerlich. Eine Linke, die eine Heimat hat, ist keine.« Damit knüpft er an den bekannten Satz von Jean Améry an: »Links ist da, wo keine Heimat ist.«

Diese so simple wie zugleich politisch existenzielle Feststellung haben mittlerweile viele, die sich auf der progressiven Seite der Gesellschaft wähnen, hinter sich gelassen und berufen sich stattdessen auf Blochs »Utopie vom Umbau der Welt in Heimat« und Tucholskys »stille Liebe« zur deutschen Heimat, die beide hier im Buch ausführlich behandelt werden. Einzelne mögen das noch aus der Sorge heraus tun, dass vielleicht ja Heimat die Lokomotive der Geschichte sei und man nicht am Gleis zurückgelassen werden möchte. Bei näherer Betrachtung, wie sie im Folgenden vorgenommen wird, wird jedoch deutlich, dass sich auch in der linken Heimatliebe in den meisten Fällen ein reaktionäres Bedürfnis versteckt, nämlich das nach der Reinwaschung der Deutschen von ihrer historischen Schuld. Und – das muss man vielen Linken dann doch zugestehen – es ist ein Bedürfnis, das nicht erst mit der Rechtsentwicklung entstanden ist. Wie Thomas Ebermann hier zeigen wird, gibt es eine linke Tradition der Liebe zur Heimat, und das heißt hier auch immer: der Liebe zu Deutschland. Die ist aber nur möglich, wenn zugleich das destruktive Wesen deutscher Gemeinschaftsvorstellungen und vor allen Dingen die Zeit des Nationalsozialismus und der Holocaust nicht als untrennbare Bestandteile der deutschen Heimat angesehen werden. Leider sind unter den linken HeimatfreundInnen auch so manche anzutreffen, deren Reflexion und kritischen Blick auf die Gesellschaft man an anderen Stellen zu schätzen weiß.

Auf jene berufen sich auch die, die es für richtig und wichtig halten, sich mit einem weiteren aufgeklärten, bunten, irgendwie fortschrittlichen Heimatbegriff an der aktuellen Debatte zu beteiligen. Aber wenn die hinter der Gewalt stehende Gemeinschaftsvorstellung nicht an sich kritisiert und abgelehnt wird, sondern nur eine bestimmte Auslegung von ihr, wird man nicht in der Lage sein, der kommenden Gewalt etwas entgegenzusetzen. Dies gilt umso mehr in Zeiten wie diesen, in denen das gesellschaftliche Klima keinen Zweifel aufkommen lässt, wie die Mehrheiten verteilt sind. Die Erfahrung lehrt: Die vielfältigen historischen Versuche, »Nation« progressiv zu besetzen, und solche Versuche lassen sich bis ins Konzept der Volksgemeinschaft nachweisen, haben weder die Rechten geschwächt noch je ihre Gewalt eindämmen können. Sie haben bloß den wenigen Stimmen, die sich gegen die regressive Sehnsucht nach natürlicher Zugehörigkeit und Vergemeinschaftung stellten, das Leben schwer gemacht und ihre marginale Position zementiert.

Bei der Heimatdebatte geht es nicht darum, wie »Wir« zusammenleben wollen, sondern wer hier leben darf und welchen Sitten und Ritualen er oder sie sich dafür unterwerfen muss. Diese sind nicht verhandelbar, sondern Teil der Heimat, angeblich verwurzelt im Boden, auf dem man sich bewegt: »Weil es schon immer so war«. Jedem Wunsch nach Veränderung, jedem Willen zur Emanzipation, ja schon der kritischen Reflexion an sich wird hiermit eine Absage erteilt. Heimat ist im Kern eine völkische Idee, denn sie verwechselt Menschen mit Bäumen und spricht ihnen einen natürlichen und angestammten Platz in der Welt zu. Aber wer Menschen verwurzelt, entmündigt sie und ordnet sie der Natur und dem Kollektiv unter, macht sie zu SklavInnen der Gerüche und Geschmäcker ihrer Kindheit.

Der Einwand, dass Heimat »nur« ein Gefühl sei, wie er allerorts zu hören und zu lesen ist, verstärkt den Verdacht der in ihr schlummernden Brutalität. Denn wenn nur ein von der Mehrheit geteiltes Gefühl bestimmt, was Heimat ausmacht, gibt es keine Instanz, auf die sich die Minderheit berufen könnte, die von jener Bestimmung unterdrückt oder ausgeschlossen wird. Heimat bedeutet Tyrannei der Mehrheit, »Lynchjustiz« und damit »prinzipiell Erlaubnis zum Mord«, wie es Klaus Theweleit formuliert hat. Heimat verträgt keine Differenz, die zugleich jede Gesellschaft prägt, und wenn man diese Differenz auslöschen will, muss man die Menschen auslöschen oder zumindest stumm machen, die für diese Differenz sorgen. Sie ist bereits der Schlachtruf, mit dem Nicht-Weiße in Chemnitz durch die Straßen gejagt werden, und ebenso die Legitimation des Staates, Geflüchtete im Mittelmeer ertrinken zu lassen. Das »Recht auf Heimat« – abgesehen davon, dass die Vertriebenenverbände darunter bis heute den völkischen Anspruch auf die »deutschen Ostgebiete« verstehen – verweigert zwangsläufig Anderen jenes Recht. Nicht zuletzt denjenigen, denen aufgrund von Kriegen, Klimawandel und Kapitalismus nicht das Privileg vergönnt ist, an einem sicheren und ruhigen Ort zu leben. Heimat kann als Wert nur Bedeutung haben in einer Welt, in der zugleich Millionen Menschen auf der Flucht sind. Und jene sind eben nicht nur aus ihrer Heimat geflohen, sondern ebenso oft vor ihrer Heimat, nämlich einer spezifischen Vorstellung davon, in der sie und ihre Angehörigen keinen Platz hatten. »Ein Heimatloser hat keine Heimat, aber ein Exilant glaubt, eine zu haben. Er hat nicht mit denjenigen gerechnet, die in der sogenannten Heimat geblieben sind«, erinnerte sich Georg Kreisler an seine Flucht vor den Nazis. Das Idyll der Heimat vernichtet die Erinnerung an ihre Opfer. Diese Idylle ist nicht nur eine falsche, sie ist auch gefährlich. Denn die Liebe zur Heimat, die so unschuldig und friedlich daherkommt, trägt den Hass auf alles, was die vermeintliche Idylle stört – das Fremde, Störenfriede, NestbeschmutzerInnen, Differenz, aber auch schon Veränderung und damit jegliche Form von Emanzipation –, bereits in sich. Auch das werden wir in der »linken Heimatliebe« wiederfinden.

Eine fortschrittliche Antwort läge in der Betonung der Differenz, des Mensch-Werdens durch Ablösung und Widerspruch, der »in der Heimatlosigkeit gewonnenen Freiheit« (Vilém Flusser). Sie läge darin, nicht dafür einzutreten, dass alle eine Heimat haben, sondern dass sie niemand mehr braucht, weil die Verhältnisse vernünftig eingerichtet sind. Heimatlosigkeit ist daher kein Mangel, sie ist ein kosmopolitischer Gegenentwurf zur intellektuellen wie emotionalen Einsperrung auf der Heimatscholle. Die »Entgrenzung aller Lebensverhältnisse«, ein Zuviel an Freiheit, die Heimatminister Seehofer für die Unsicherheit und Überforderung verantwortlich macht, ist Utopie. Sie meint nicht nur das Ende der Grenzen, sondern auch das der Sach- und Arbeitszwänge, sie ist die Antwort auf den Mief der Provinz ebenso wie auf Rollenbilder und traditionelle Familienstrukturen, auf die Kontrolle und Selbstverleugnung in der repressiven Gesellschaft. Entgrenzt ist ein kosmopolitisches Bewusstsein, das Freiheit als Ziel und nicht als Bedrohung betrachtet. Heimat hingegen ist – wie Franz Dobler es mal so schön ausgedrückt hat – bloß da, wo man sich aufhängt.

Besetztes Gebiet: die linke Heimat

Ü berall lese ich seit Monaten, man müsse die Heimat, um sie nicht den Rechten zu überlassen, von links besetzen. Meist ist schon den ersten Sätzen der Begründung abzulesen, was Besetzung meint. Wenn etwa die Friedrich-Ebert-Stiftung unter dem Titel »Linke Heimat« verlangt, den Rechten müsse »die Deutungshoheit abgerungen werden«, weil »blutleere Begriffe wie der Verfassungspatriotismus nicht in der Lage« seien, »die menschlichen Bedürfnisse nach Zugehörigkeit, Stolz, Selbstachtung, Ehre, Halt und Sicherheit zu befriedigen« und die »emotionale Bindung« zu schaffen, die »der Begriff Heimat« verspreche – ist schon fast alles beisammen, was das rechte Repertoire an Begriffen vorhält.

Wer eine einigermaßen moderne bürgerliche Demokratie »blutleer« nennt, knüpft direkt an den antidemokratischen Blut-und-Boden-Mythos völkischer Bewegungen an. Wer »Stolz« und »Ehre« zu »menschlichen Bedürfnissen«, also unhinterfragbaren anthropologischen Konstanten erklärt, schreibt seinen Text, ob er es nun bewusst tut oder nicht, von Kriegerdenkmälern und aus Landser-Romanen ab. Wie der Blogger Roberto J. De Lapuente, Autor für »Freitag« und »Neues Deutschland«, der »linkes Versagen« für die rechte »Deutungshoheit über das Heimatliche« verantwortlich macht: »Die haben den Begriff brachliegen lassen«, denn »der linke Geist war polyglott, kosmopolitisch und mondän« (ach, wär's nur wahr!). »Das darf man sich im linken Lager nicht erlauben«, denn »die Heimat ... ist eine menschliche Befindlichkeit, eine menschliche Bedingung, die sich auf das Raum-Zeit-Empfinden gründet.«

Etwas umsichtiger verfährt das *Historisch-kritische Wörterbuch des Marxismus* (aus dem Argument-Verlag). Es räumt ein, dass Luxemburg und Lenin auch bei genauester Lektüre kein heimatfreundlicher Halbsatz abzupressen ist und sich bei Marx nur Spott findet auf die »Verwandlung des Kommunismus in Liebesduselei«, der »die trauten Gefühle des Familienlebens, der Heimatlichkeit, des Volkstums nicht zerstören, sondern nur ›erfüllen‹« wolle. Etwas umsichtiger also, um dann doch mit der bekannten Pointe zu bedauern, »dass die Linke aufgehört hat, die Dialektik um Heimat auch nur zu denken ... Der Heimatbegriff ist widersprüchlich wie die Verhältnisse selbst. Ob und wie Heimat als emanzipatorischer Begriff genützt werden kann ..., ist stets neu auszufechten.«

Erste Frage: Warum sollte man Begriffe, die zu den Rechten passen wie die Faust des Nazis aufs Auge des Kommunisten, nicht ihnen überlassen? Wie man Begriffe, die den Sozialdemokraten gehören, wie etwa »gerechter Lohn«, »antizyklische Wirtschaftspolitik« und »Sozialpartnerschaft«, den Sozialdemokraten überlässt. Dass sich hinter Begriffen entschlüsselbare Sehnsüchte verbergen, ist zwar nicht belanglos, denn es erklärt, warum sie unter kapitalistischen Verhältnissen ständig reproduzierbar sind, ist aber kein Grund, sie zu übernehmen, sondern einer, sie ihren Nutznießern um die Ohren zu hauen.

Nehmen wir den vergleichsweise harmlosen, durch Meinungsforschung und Einschaltquoten bewiesenen Neid der Deutschen auf Briten, Norweger, Schweden, Dänen, Belgier, Niederländer, Spanier, die noch ihre Königshäuser haben, mit Tradition und geregelter Erbfolge. Sie bieten allerlei Projektionsfläche für die unteren Klassen, deren Leben nicht viel Besseres zu bieten hat als Freude an Geburten und Hochzeiten anderer, Schadenfreude über deren Ehekrisen und Trauer über den Unfalltod einer Prinzessin. Da geht es gewiss um Emotionen (die von ganz vielen sogenannten Linken in jenen Ländern ernst interpretiert und genommen werden) – aber was hat unsereins damit zu schaffen? Was verdient es anderes als eine Kritik, die hier ein Mitfühlen als ähnliche Zumutung empfindet wie das Versprechen des Bundespräsidenten, einer für alle Staatsbürger zu sein und das Land nie zu spalten, sondern zu versöhnen.

Es ist eben so – ob ich das mit dem Attribut »leider« versehe oder nicht –, dass sich von Marx' und Engels' Befunden und hoffnungsvollen Prognosen jene als die unzutreffendste erwiesen hat, nach der der Kapitalismus die verklärenden Ideologien zum Verschwinden bringe. »Die Bourgeoisie«, schrieben sie, »hat alle feudalen, patriarchalischen, idyllischen Verhältnisse zerstört. Sie hat ... kein anderes Band zwischen Mensch und Mensch übriggelassen als das nackte Interesse, als gefühllose ›bare Zahlung‹. Sie hat die heiligen Schauer der frommen Schwärmerei ..., der spießbürgerlichen Wehmut in dem eiskalten Wasser egoistischer Berechnung ertränkt ... Die Bourgeoisie hat dem Familienverhältnis seinen rührend-sentimentalen Schleier abgerissen und es auf sein reines Geldverhältnis zurückgeführt.« Dies alles hat die Bourgeoisie nicht getan, und auch das im *Kommunistischen Manifest* prognostizierte Verschwinden aller »religiösen und politischen Illusionen« ist ausgeblieben. Im Gegenteil: Kapitalismus produzierte neue heilige Schauer in größerer Zahl.

Dürfen wir neben der Heimat auch die »Volksgemeinschaft« nicht den Rechten überlassen? Die Frage klingt satirisch, aber wer weiß schon, welche Sau übermorgen durchs Dorf getrieben wird. Anknüpfungspunkte für einen solchen Irrsinn fänden sich jedenfalls in den Programmen und Proklamationen aller Parteien, die die »besten Jahre« der Weimarer Republik getragen haben, und eben nicht nur bei rechten Antidemokraten.

Die »Volksgemeinschaft«, das Ideal einer Gesellschaft ohne Klassenkampf, mit Sicherheit, Zusammenhalt und Geborgenheit, wurde – wie Michael Wildt in »Volksgemeinschaft als Selbstermächtigung« materialreich belegt – von den sogenannten Linksliberalen und dem katholischen Zentrum ebenso permanent im Munde geführt wie von dem Sozialdemokraten Friedrich Ebert, wenn er den »Geist von 1914«, die geschlossene Frontstellung gegen das bedrohliche Ausland, beschwört: »In diesem Kampfe unserer Selbstbehauptung ... muss der Gedanke unserer festgefügten Volksgemeinschaft uns mehr und mehr in Fleisch und Blut übergehen.«

Das ist vielleicht nicht das Zitat, das sich für eine »linke« Besetzung des Begriffs Volksgemeinschaft am besten eignet, anders als ein Zitat aus dem SPD-Programm von 1922, bei dem es um Verstaatlichung und irgendwie schon gegen den noch unbekannten Neoliberalismus geht, denn es fordert: »Die Bodenschätze sowie die natürlichen Kraftquellen, die der Energieerzeugung dienen, sind der kapitalistischen Ausbeutung zu entziehen und in den Dienst der Volksgemeinschaft zu überführen.«

Was ich eben noch selbst als satirische Überspitzung gekennzeichnet habe, ist übrigens längst im »wissenschaftlichen Diskurs« angekommen. Steffen Bruendel, kein Linker zwar, aber ein astreiner Demokrat (und als Forschungsdirektor des Forschungszentrums für Historische Geisteswissenschaften der Goethe-Universität Frankfurt am Main alles andere als ein kleines Licht), wirft den Nationalsozialisten vor, sie hätten durch »inflationären Gebrauch den Begriff der Volksgemeinschaft ... kontaminiert«. Wahr ist das Gegenteil: Weil das strukturell antidemokratische Ideal der Volksgemeinschaft so allgemein war, konnte die NSDAP so relativ leicht – und untermauert mit den bekannten Gemeinwohlformeln wie »Gemeinnutz geht vor Eigennutz« – politische Hoffnungen und Wünsche nach sozialer Inklusion und symbolischer Anerkennung der arbeitsamen »Arier« an sich binden, »Gefühle« nutzen und antisemitisch zuspitzen.

Die der Ebert-Regierung unterstehende »Zentrale für Heimatschutz« verkündete, die Abschaffung der Monarchie, die sie »Revolution« nannte, sei »der Anfang eines neuen Menschen. Sie ist der Anfang der Gemeinschaft des Volkes.« Dass diese Institution den »Heimatschutz« im Titel führte, verweist darauf, dass kaum etwas der Volksgemeinschaft so naheliegt wie die Heimat.

Die Annahme, der Begriff der Volksgemeinschaft sei in Deutschland ein »erledigter«, durch den Nationalsozialismus »für immer« diskreditierter, würde Land und Leute ganz zu Unrecht verharmlosen. 43 Prozent der Befragten (wenn man »voll und ganz« und »teils, teils« addiert) stimmen der Aussage zu: »Was Deutschland jetzt braucht, ist eine einzige starke Partei, die die *Volksgemeinschaft* insgesamt verkörpert« (Oliver Decker u.a.: *Flucht ins Autoritäre*).

Wir werden den volksgemeinschaftlichen Aspekten des linken Heimatbegriffs im Folgenden immer wieder begegnen. Wer Heimat sagt, affirmiert immer das Bestehende *und* macht Anleihen nicht unbedingt bei allen, aber bei den tragenden Säulen rechter Ideologie. So tat es die Linkspartei von Mecklenburg-Vorpommern im Wahlkampf mit dem Slogan: »Aus Liebe zu MV« auf jedem ihrer Plakate. Die irrsinnige Behauptung, man könne eine Gebietskörperschaft lieben, hatten sich alle Parteien zu eigen gemacht, besonders AfD und NPD, die das Copyright für die Parole beanspruchen. Ihre Besetzung durch die Linkspartei besagt zunächst einmal, dass in ihr kein Platz sei für Menschen, die Mecklenburg-Vorpommern nicht lieben, kein Platz für Nestbeschmutzer und Kritikaster also, und kein Platz für Menschen, die von irgendwo geflohen oder abgehauen sind, denn einem Syrer oder Ghanaer geht die Liebe zu Meckpomm nicht in gleicher Weise zu Herzen wie einem Eingeborenen.

(Der verlockenden Frage, ob man Vorpommern lieben kann, ohne Pommern zu lieben, gehe ich hier nicht weiter nach. Sie bedürfte wohl der Erörterung mit den zuständigen Vertriebenenverbänden.)

Die bewusste Pauschalität der »Liebe zu MV« schließt allereinfachste Reflexionen aus. Wie die, dass es meinetwegen ein paar naturschöne Ecken im Bundesland gibt und eben extrem hässliche: »So wahr es ist, dass ein jegliches in der Natur als schön aufgefasst werden kann, so wahr das Urteil, die Landschaft in der Toskana sei schöner als die Umgebung von Gelsenkirchen«, heißt es bei Theodor W. Adorno. Nun liegt Gelsenkirchen nicht in Mecklenburg-Vorpommern, aber auch in MV gibt es Gegenden, die dem Umland von

Gelsenkirchen ähneln oder es an Hässlichkeit übertreffen. Die Parole siedelt also an der urdeutschen Geschmacksverirrung, die das Lied »Kein schöner Land in dieser Zeit« auf den Punkt bringt.

Heimatliebe oder:
die Juchzpflicht

Wichtiger als Landschaft sind Menschen – und die haben a priori in Ordnung zu sein, unbeschädigt trotz verständlicher Sorgen und Nöte, berstend von gesundem Menschenverstand. Gegenden, in denen man wegen der Hegemonie gesunden Deutschtums weder leben will noch kann, kennt die Heimatliebe nicht. Heimat ist keine Utopie einer schöneren Zukunft, Heimat ist, wie sie ist, und immer schon da.

Genau das meint das »Leitbild« einer landsmannschaftlichen Linken, das die Überschrift »Heimat Brandenburg. Gerecht, solidarisch, nachhaltig« trägt. Seit die Linke mitregiere, sei Brandenburg so richtig Heimat, weil sie – im Gegensatz zur Vorgängerregierung – ein »Brandenburg der Regionen« geschaffen habe. Damit man mehr als nur eine Gebietskörperschaft lieben kann, nehme ich an.

Zu den heimatschaffenden Maßnahmen gehört übrigens auch, dass »bei der Polizeireform ... fast alle Wachenstandorte erhalten geblieben sind« und »auch für den Bestand der Standorte der Amtsgerichte ein Gesetz Sicherheit schafft«. So plural und beliebig manchmal »Heimat« definiert wird, lernen wir, die Polizei muss in der Nähe und das Amtsgericht gut erreichbar sein; wenn dann der Bus noch kommt und die Postfiliale erhalten bleibt, hat die Heimat gesiegt.

Der saarländische Landesverband gibt bekannt: »›Die Linke‹ unterstützt ›Heimat shoppen‹ in Burbach.« Die Aktion, so die Ortsvorsitzenden der Partei, sei ein aktiver Beitrag, die kleinräumige Wirtschaft im Stadtteil zu erhalten. Man könne also die ansässige Bevölkerung nur ermuntern, in den teilnehmenden Geschäften einzukaufen, die »im Sanitätsbereich« und »in den Bereichen Fleisch, Fisch, Schuhe oder Wein im wahrsten Sinne des Wortes ›ausgezeichnete Produkte‹ anbieten«. Schade, dass die totgeschlagene Luxemburg nicht in die Saar geworfen wurde, man könnte sonst den heimatlichen Einkaufsbummel mit einem Sträußchen auf ihr Grab abrunden.

Bis auf den letzten Programmpunkt sehen das natürlich alle anderen Parteien genauso, bei denen, wenn's um die Heimat geht, die Frage, ob da was zu teuer, ob manches Produkt schlechter Qualität oder wie die Arbeitsbedingungen für Angestellte und Auszubildende sind, so wenig aufkommen darf wie bei der Linkspartei, der es auch nur um den heimischen Mittelstand geht und also gegen fremdes Kapital.

Bei der verzweifelten Suche nach einer linken, also irgendwie anderen Besetzung des Begriffs stolpert man über den Ministerpräsidenten von Thüringen, Bodo Ramelow. Der lässt sich nicht zweimal bitten: »Auch das Wort Heimat lasse ich mir nicht nehmen. Da bin ich stur ... Wir haben, und das unterstütze ich sehr, ein breit angelegtes Brauchtum in Thüringen. Menschen wollen über Kultur und Heimat reden, wollen ihre Trachten pflegen. Das war lange verpönt.« Aber »wenn jemand seine Heimat als Schutzraum sieht, dann soll er diesen Schutzraum haben«.

Das Bekenntnis zu Brauchtum, Trachtenpflege und Volkstanz ist das Lob der »guten alten Zeit« (ohne dass gefragt wird, wann die denn gewesen sein soll: unterm preußischen Soldatenkönig, in Bismarcks Reich, in Weimar, unterm Führer, bei Adenauer, bei Ulbricht? Das brächte den Redner in arge Verlegenheit) und zugleich das Lob der Borniertheit. Brauchtum, Trachtenpflege und Volkstanz sind Kampfansagen an jede noch so schwache und verborgene Verheißung, anders zu leben: Geschlechterrollen zu überwinden, Musik zu spüren, die swingt, nach der man nicht hölzern, mit dressierten Schritten und Schlägen aufs Gesäß seiner Juchzpflicht genügt.

Wahrscheinlich sei die »Entbarbarisierung auf dem platten Land noch weniger gelungen als sonst wo«, und er wolle das lieber aussprechen, »als sentimental irgendwelche besonderen Qualitäten des Landlebens, die verlorenzugehen drohen, anzupreisen. Ich gehe so weit, die Entbarbarisierung des Landes für eines der wichtigsten Erziehungsziele zu halten«, schrieb Adorno in »Erziehung nach Auschwitz«.

Das hat Bestand, auch wenn es die Gefahr birgt, die Provinzialisierung vieler Städte, Stadtteile zu übersehen. Man denke nur an das Grauen der Weihnachtsmärkte, auf die Magnus Klaue, der nicht der Partei Ramelows angehört, eine Hymne verfasst hat. Das aber hier nur nebenbei, denn ein Schlüsselwort im Ramelow-Zitat verdient Aufmerksamkeit: »Wenn jemand seine Heimat als Schutzraum sieht, soll er diesen Schutzraum haben.«

»Ein Schutzraum ist ein gegen Einflüsse aus der Umgebung abschließbarer Sicherheitsbereich.« (Wikipedia) Typische Schutzräume sind »Bunker und Luftschutzkeller«; sie sollen thermische und atomare Strahlung, chemische und biologische Verunreinigung der Luft abhalten. Beim Wort genommen dient der Schutzraum der Abwehr von toxischen Einflüssen, als Metapher erklärt er den fremden Menschen und die Spuren der Zivilität zu Gift.

Der Thüringen-Monitor hat jüngst ermittelt, dass 96 Prozent der Untertanen Ramelows ihre Heimat lieben und dass »Gefühle der Verbundenheit mit allen Bezugsebenen vom Heimatort bis zur Nation« über deutschlandweiten Messungen zu verzeichnen sind.

So findet nun empirisch-positivistische Bestätigung, was auch durch Denken zu ermitteln wäre. Mit »Gefühlen der Heimatverbundenheit nehmen Tendenzen der Ausgrenzung und Ressentiments« zu.

Unerschöpflich die Fantasie der Thüringer, wenn es um Diskriminierung und Schikane geht (Einzelheiten siehe Thüringen-Monitor!) – und unausweichlich die Bilanz: »Heimatverbundenheit, Vorstellungen von einer exklusiven Gemeinschaft und Ausgrenzung von ›Fremden‹ bilden also einen Zusammenhang.«

Wenn das kein Grund ist, den Etat für Brauchtumspflege zu erhöhen.

Heimat Österreich

Einer, der den Rechten den Heimatbegriff nicht überlassen will, ist der österreichische Nationalratsabgeordnete Peter Pilz. Er hat, nachdem die österreichischen Grünen ihm keinen sicheren Listenplatz gaben, 2017 eine eigene Liste gegründet – und ist mit dieser ins Parlament eingezogen, während die Grünen an der Sperrklausel scheiterten. Sein Buch »Heimat Österreich. Ein Aufruf zur Selbstverteidigung«, das die Kombination von Heimat und Gewalt schon im Titel trägt, ist eine Kampfschrift gegen die vermeintliche Humanitätsduselei seiner ehemaligen Partei.

»Heute sind wir gezwungen, unsere Heimat Österreich zu verteidigen«, schreibt er im Stile von Hitlers »Seit 5 Uhr 45 wird zurückgeschossen« und Gaulands »Wir holen uns unser Land und unser Volk zurück«. Denn »die Zahl der Zugewanderten hat eine kritische Grenze überschritten«, und überhaupt »wollen wir keine illegale Einwanderung und keinen ungeregelten Zuzug von Wirtschaftsflüchtlingen ... Ein staatliches Organisationsversagen wie im Jahr 2015 darf nie wieder geschehen«, weshalb keiner mehr durchkommen dürfe: Wer den Wertekatalog des einzigartig zivilisierten Österreich nicht akzeptiert, »kann wieder gehen«, das heißt: wird abgeschoben. Die Schönheit Österreichs, seiner Berge, Wälder, Bürger und seines Bruttosozialprodukts, ist von Flüchtlingen und Ausländern bedroht, hat aber auch einen zweiten, »ganz anderen Gegner: das spekulierende Finanzkapital und seine Mitläufer in Banken und Parteien«.

Vor geraumer Zeit hätte man dies noch als Gewäsch der faschistischen Freiheitlichen identifiziert, inzwischen sind alle Parteien Österreichs auf diese Rhetorik eingeschwenkt. Wer die Heimat so liebt, wünscht sie als einzigartige anerkannt. Die Welt, sagt der Liebhaber, müsse endlich akzeptieren, dass »das österreichische Bundesheer im Kosovo mit Abstand die besten Einheiten stellt«, weshalb es schon schade ist, dass dieses Österreich so klein ist und seine Truppen nicht überall sein können.

Obwohl mir dies gar nicht in den Sinn gekommen war, behauptet Pilz, der Leser seines Buches stelle sich gewiss die Frage, »warum ich immer so vehement für die Erhaltung der Militärmusik eingetreten bin«. Ja, warum? Sie, liebe Leserin, lieber Leser können ja mal mitraten. Um die armen Kosovaren mit Marschmusik in den Gleichschritt zu zwingen? Falsch. Richtige Antwort: weil »die jungen Militärmusiker so wichtig als Nachwuchs für die lokale Blasmusik sind«, für dieses Bollwerk der Heimatfront, diese Selbstverteidigungstruppe gegen Fremdes, Fremde und die Verlockungen der Musik.

Seit Pilz' Wahlerfolg passen übrigens die Grünen höllisch auf, dass die Menschen auf ihren Bildern und Plakaten in Tracht zu sehen sind. Ihr Alexander Van der Bellen hat es ihnen vorgemacht, als er vorm zweiten Wahlgang um die Bundespräsidentschaft 2016 monatelang nur noch im Trachtenjanker auftrat, um den Kandidaten der FPÖ, den Nazi Norbert Hofer, äußerst knapp zu besiegen.

Die deutschen Grünen und ihre Profilierung als »Heimatpartei« sind nicht Gegenstand dieser Polemik. Im Rahmen unserer Arbeitsteilung durchwatet Thorsten Mense diesen Sumpf.

Ein Fundstück sei dennoch erwähnt, zur Bebilderung der These, dass, wer »Heimat« sagt, auf allen Gebieten nach ganz weit rechts Anschluss sucht.

Robert Habeck schreibt in seinem Buch *Wer wir sein könnten. Warum unsere Demokratie eine offene und vielfältige Sprache braucht*: »Auch Konservative und Reaktionäre schreiben literarisch oder philosophisch bedeutsame Werke. Manchmal großartige. Oft sogar, weil (!) sie konservativ oder reaktionär sind, wie die von Hamsun, Ernst Jünger, Botho Strauß, Martin Heidegger.«

So sind die Säulenheiligen der »Jungen Freiheit« und der Nazi-Kaderschmiede in Schnellroda schon mal sowohl bedeutsam als auch großartig – und wer früher vielleicht einmal Arnold Zweig gelesen hat, wechselt zu Ernst Jünger und stählt sich im »Stahlgewitter« für welchen Krieg auch immer.

Heimatkunde:
der Fall Türcke

V on Christoph Türcke habe ich seit 25 Jahren nichts mehr gelesen. Das Leben ist kurz, und es erscheinen ohnehin zu viele Bücher. 1993 hatte er die Rassenforschung nicht den Rechten überlassen wollen: »Es gibt nun einmal Menschengruppen schwarzer, weißer, gelber oder rötlicher Hautfarbe, die sich durch die Gemeinsamkeit erblicher Merkmale signifikant unterscheiden, und so unmöglich es ist, genau anzugeben, wie weit dieser Merkmalsunterschied sich über die Hautfarbe hinaus auf Temperament, Neigung, Begabung, Charakter erstreckt, so absurd wäre es, ihn zu leugnen ... Warum nicht zugeben, dass die Natur ihre Huld innerhalb der Rassen wie auch zwischen ihnen nicht ... gleichmäßig verteilt hat.«

Kurz gesagt: Da die Schädelmessung etwas in Verruf geraten war (und die Hirnforschung noch nicht so in Mode wie heute), machte Türcke die Hautfarbe zum Kriterium für Begabungen und weitere Gaben der Natur. »Menschenrassen sind keine Erfindung des Rassismus, sondern ein Produkt der Naturgeschichte«, erklärte er, und weil das so sei, gebe es reiche und arme Weltregionen.

Was sich als Kritik eines fehlerhaften Antirassismus kostümierte, hatte eine zeitgemäße politische Pointe, den Kampf gegen die »wohlfeilen« Forderungen nach »offenen Grenzen«, die Abwehr der von der Natur Unbegabten im Namen der »Besitzstandswahrung ... Die Versorgungsanstalt Deutschland ... wäre selbst dann, wenn sie es ernstlich wollte, kaum in der Lage, eine großzügige Asylpolitik zu treiben ... Der Sozialstaat ... untergrübe sich selbst.«

Türckes Vortrag führte auf einem »**konkret**-Kongress« zu Tumulten. Was aus dem akademisch aufgemotzten Rassisten im Weiteren wurde, steht in seinem Buch mit dem Titel *Heimat. Eine Rehabilitierung*. Der Trick ist langweilig und von Thilo Sarrazin bekannt: Man rennt sperrangelweit offene Türen ein und spielt den mutigen Schwimmer gegen den Strom. Einer Rehabilitierung müsste eine Verurteilung vorausgehen, die frei erfunden ist. In jeder Umfrage geben über 90 Prozent der Deutschen zu Protokoll, dass ihnen Heimat ein positiver Begriff ist.

Der Einband zeigt eine idyllische Landschaft am Dorfrand. Ausgangspunkt ist ein von Türcke frei erfundener materieller und emotionaler Bedeutungsverlust des (deutschen) Nationalstaats. Da der Staat sparen muss, »beeinträchtigt die Schwäche des Nationalstaats auch sein Ansehen ... Die Nation hebt nicht mehr die Herzen wie einst ... Die Dekomposition nationaler Gefühlsökonomie« ermögliche nur noch die emotionale Bindung an (manchmal künstlich erzeugte) Repräsentanten des Regionalen. So verkörpere die Anhängerschaft von Bayern München »jenes bodenständige, ethnisch und kulturell besondere Bayern«, das an Deutschland und seiner Nationalmannschaft ganz uninteressiert sei, sich aber »liebevolle Regungen zur heimatlichen Region erhalten« habe. Da also »der Nationalismus im Rückwärtsgang« sei (ein Befund, den Türcke wirklich weltexklusiv hat), entstünden Sehnsüchte, die natürlich mal von Nazis und Rechten missbraucht wurden und werden, aber als »Bedürfnis nach einer vertrauten, überschaubaren Umgebung ... etwas ganz Legitimes« seien.

Das Heimatgefühl sei zwar »immer mal von lokalpatriotischen und bornierten Übertreibungen gefährdet«, bleibe aber ein »berechtigtes Bedürfnis«. Es lasse sich »nicht einfach austrocknen. Heimat zu tabuisieren ... ist ebenso fragwürdig wie das Gegenstück: Heimat wieder zu pflegen im Dienste eines Nationalgefühls.« Was Türcke besingt, ist der ausgewogene, Heimat nicht gänzlich als heile Welt verklärende, »nicht überdehnte und überspannte Heimatbegriff«, der die »Überschätzung zur Schätzung mäßigt« und so »das Versöhnliche der Vertrautheit zu ihrem Recht kommen« lässt. Dann ist Heimat zwar nicht die perfekte heile Welt, »aber nichts repräsentiert heile Welt so sehr wie sie«. Dann ist sie, wenn auch nicht Versöhntheit, »aber vielleicht ihr schönster Vorschein«, dann entsteht dieser »qualitativ neue Lokalpatriotismus«.

Dass in diesem Bild, wie gemalt für Bildungsbürger mit Anwesen auf dem Lande, weder irgendeine Klassenlage noch die Wohngegend des Aufwachsens oder das Glücksgefühl jener vorkommen darf, die der »Heimat« entronnen sind und die von Türcke aufgeschwatzte Sehnsüchte nicht teilen, liegt in der Logik seiner Anordnung. Stattdessen hat sich ein jeder der Ideologie des schmerzhaften, traumatisierenden, »Schock und Beschädigung« verursachenden Heimatverlustes zu beugen und auch noch anzuerkennen, dass weder Reflexion noch veränderte Lebensbedingungen etwas bewirken, denn »seine Prägung ... bahnt den weiteren Weg«, man kann sie nie ganz loswerden. Prägung ersetzt die berüchtigte »Verwurzelung«.

Weil die Lobredner der »Ausgewogenheit« nie ohne Gleichmachung von Negation und Affirmation auskommen, findet sich bei Türcke auch dieses: »Von der NPD bis zu den Autonomen, von der Bertelsmann-Stiftung bis zur Zeitschrift **konkret** reicht die Unfähigkeit ...«, die Heimat angemessen zu würdigen und so weiter. Er schlägt deshalb vor, die in den frühen siebziger Jahren abgeschaffte, der Heimatliebe verpflichteten Heimatkunde wieder einzuführen, die aber anders als die Vorgängerin »Heimat und Nation zu scheiden« wissen soll und also kritisch genannt wird. Zu ihr, schreibt Türcke, »gehört durchaus auch die Kenntnisnahme von Kinder- und Volksliedern aus der näheren Umgebung sowie die Aufmerksamkeit für ihre Landschaften und Biotope«, die »durch die modernsten Mittel medialer Repräsentation zu unterstützen wäre«.

Wer lieber in der Nase bohrt als sich für die Volkslieder der näheren Umgebung zu begeistern (Michael Scharang: »Die einzige Ansicht von Belang, die ich zu dieser Angelegenheit habe und die öffentlich zu äußern mir am Herzen liegt, erschöpft sich in der Einsicht, dass es noch Schlimmeres gibt als die kommerzialisierte Volksmusik: die echte«), kriegt in Heimatkunde eine Sechs – und muss die Konsequenzen tragen. Im Heimatkundeunterricht meiner Schulzeit saßen wir – wenn wir nicht wandern mussten – im abgedunkelten Klassenzimmer, und der Lehrer hantierte mit einem ziemlich klapprigen Filmvorführgerät. Wir waren ziemlich weit entfernt von den »modernen Mitteln«, das Wort Biotop war unseren Lehrern so unbekannt wie uns.

Sein Postulat, es gehe ihm um eine nicht national überformte Heimatliebe, bricht Türcke selbstredend systematisch. Denn neben die Heimatkunde tritt immerzu eine nationale Geschichtsschreibung. Die geht so: »Dass Täter zugleich auch Opfer sein können: Warum soll das so schwer zu denken sein?« Bei der Suche nach anderen als jüdischen Opfern des Nationalsozialismus fällt Türckes Blick eben nicht auf gequälte und ermordete Antifaschisten oder Schwule, sondern: »Natürlich sind Heimatvertriebene auch dann Opfer, wenn sie Deutsche sind«, zumal »es überwiegend Frauen und Kinder waren, die die Vertreibung an Ort und Stelle erlebten ..., deren Anteil an der Täterschaft am geringsten war«. Deshalb sei dringend zu fragen, »ob die Strafe immer die Richtigen und auf verhältnismäßige Weise getroffen hat«.

Das geht gegen die Rote Armee, meint Dresden und stellt natürlich – wie immer – diese unverhältnismäßigen und fast nur die Falschen treffenden Beneš-Dekrete an den Pranger. Deshalb könnte »ein Zentrum gegen Vertreibung ein Ort der Aufklärung und Verständigung sein«, wenn irgendwo eine Tafel auf Ursachen und Wirkung hinweist und in der Art der modernisierten Vergangenheitsbewältigung irgendeine Schuld oder Mitschuld einräumt ...

Bei Filbinger daheim: ästhetisch und kommunikativ

Man findet kaum einen deutschen Heimatfreund, der sich nicht am deutschen Opferstatus und der Verharmlosung der Täter zu schaffen macht. Schon 1980 entdeckte das (dem Image und Selbstverständnis nach linke) Periodikum »Ästhetik und Kommunikation« »einen neuen Heimatboom« und gab den Sonderband »Heimat – Sehnsucht nach Identität« heraus. Vom besagten Boom zeugte – um eines der vielen Beispiele zu erwähnen – auch der Wagenbach-Band »Regionalismus« von 1978. In ihm wurde die Notwendigkeit propagiert, Frankreich zu spalten und im »kolonialisierten« Süden einen selbstständigen Staat zu gründen, »Occitanien«, weil man tief in Wäldern und Bergen ein paar Leute gefunden hatte, die die entsprechende Sprache noch benutzten. Auch Schweden, also das imperiale Stockholm, habe gleich diverse Regionen kolonisiert und Völker unterdrückt und harre deshalb seiner Aufspaltung.

Jean Améry hat diesem Boom eine kleine Polemik gewidmet: »Regionalismus: Notwendigkeit, Ideologie – oder Ersatzrevolution?«. Er betont das Armutsprogramm, das sich hinter so mancher Fantasie von kleinteiligen Wirtschaftsräumen verbirgt, und spottet über das Lob des bloßen Bewahrens: »Nirgendwo steht geschrieben, ein Ort müsste als Ort bleiben, was er von alters her war, muss der Mensch ›verwurzelt‹ sein? Ist er denn ein Baum?«

Sollte »ideologischer Ökologismus« mehr als wirkungslose Spinnerei bleiben, werde er »unweigerlich reaktionäre Züge annehmen«. Améry bestreitet nicht, dass Provinzen von der »Hauptstadt« vernachlässigt werden, aber »aus dem verständlichen und gerechtfertigt reaktiven Verhalten wird unversehens ein *reaktionäres*; und dieses wird weder der Bretagne zur notwendigen Entwicklung verhelfen, noch wird es eine bretonisch-keltische Kultur beleben …, schlimmstenfalls eine in blinden Terrorismus einmündende Folklore«. Klar, dass ihm die »Vision einer alemannischen Gemeinschaft gegen das vorgebliche Komplott Paris-Stuttgart-Bonn« ein spezieller Graus ist: »Der elsässische Nationalismus war vor dem Zweiten Weltkrieg schlicht und unrecht ein deutscher«, nähme man seine Reanimation weltpolitisch ernst, berge dies »eine Katastrophe übermittelgroßen Ausmaßes«.

Mit Blick auf Frankreich und England fragt Améry, ob sie »als große Nationalstaaten« den Individuen nicht »größere Chancen zur schöpferischen Entfaltung gaben, als es innerhalb regionalen Idylls möglich gewesen wäre«. Wer um die Herkunft Amérys aus einer Welt der Trachten, Dialekte und Gebräuche weiß, muss schmunzeln, wenn er sich – in der Fantasie – zu einem Bauern eines abgelegenen Winkels der Sowjetunion macht: »Persönlich würde ich meinen, dass ich, wäre ich ein usbekischer Sowjetbürger, nichts dagegen hätte, in der Kultur der Gontscharow, Puschkin, Turgenjew, Tolstoi, Dostojewski usw. aufzugehen und solcherart eine neue und entschieden stimulierendere Welt zu finden.«

Am krassen Beispiel von »Ästhetik und Kommunikation« ist zu studieren, wie die Entdeckung der Heimat funktioniert und was aus ihr folgt:

Zunächst einmal spielt man Selbsterfahrungsgruppe, veranstaltet also eine Konferenz und sucht nach seiner »Identität«, aber nicht jenes A bleibt A, ich bin ich, von dem Hegel sagt, es sei »nichts weiter als der Ausdruck der leeren Tautologie«, sondern als ein tief im Inneren verborgenes, unverrückbares eigenes Wesen, die selbstzufriedene Bräsigkeit, die sich »Identität als Übereinstimmung des Menschen mit sich und seiner Umgebung« nennt: »Heimat ist nicht nur die Basis für Identität, sondern gewissermaßen das Wesen der Identität.«

Im zweiten Schritt bedarf es einiger Geständnisse, wie unwohl man sich in der Metropole gefühlt habe, wie lange man das verdrängt und sich nicht eingestanden habe, und wie schlimm es sei, dass linke Politik und besonders der »abstrakte Internationalismus« weder einen selbst wirklich tief tangiert habe – und die Adressaten der Flugblätter schon gar nicht. Deshalb wolle man »Heimat radikal subjektiv denken« (die handelsübliche Formulierung für Fühlen statt Reflektieren), sich nicht mehr bieten lassen, dass »die verklemmten Genossen in Gelächter ausbrechen«, wenn man für »Bodenständigkeit, gegen erzwungene Mobilität« plädiert, wenn man »dieses Bedürfnis, zur Ruhe zu kommen, einen rebellischen Begriff« nennt und sich deshalb fragt, »warum haben wir so endgültig und eilig die Menschen abgeschrieben«, warum konnte ich nicht »ohne Arroganz auf die Leute im Dorf zugehen«.

Es folgt im dritten Schritt der typischste aller Pseudokonflikte, in dem einer fordert: »Besetzen wir von links her das Terrain Heimat«, und andere ihn deshalb des abstrakten, alten, arroganten Denkens überführen: »Muss eigentlich alles, was uns zum Problem wird, nach links ideologisiert werden? Können wir zugeben, dass wir mit Rechten, Konservativen, Liberalen auch etwas gemeinsam haben, was wir Heimat nennen? ... Also kein neuer Heimatbegriff, sondern: Erst mal neugierig sein auf unsere Heimat, unverkrampft und offen.«

Ist das Wort »unverkrampft«, das in Deutschland Enthemmung meint, erst einmal gefallen, brechen alle Dämme. Unverkrampft ist man stolz, in diesem Fall auf eine Kleinstadt, in der die Wiege stand, »die auf ganz eigenständige Art liebevoll und heimatlich und zu einem Anziehungspunkt meiner Gefühle geworden« ist, weswegen in dem Autor »doch ein Stück Bewunderung der Stadt gegenüber steckt und ein wenig Stolz, ein Wertheimer zu sein, der sich nicht erklären lässt, sondern nur als Gefühl vorhanden ist«. (Wegen solcher Passagen – ich weiß, es gehört hier nicht her – drehe ich am Rad, wenn St.-Pauli-Fans sich hinter einem Transparent versammeln auf dem »Wer es nicht fühlt, kann es nicht verstehen« steht.)

Vom Stolz, der Sohn oder die Tochter eines bestimmten Kaffs zu sein, zu Blut und Boden ist ein kurzer Weg, und so wird ästhetisch und kommunikativ belehrt: »Heimat ist für den Menschen das Gleiche wie der Boden für den Baum. Starke und lebensfähige Bäume sind tief mit dem Boden verwachsen, deshalb sind starke und unbestechliche Persönlichkeiten auch vielseitig mit der Heimat verbunden und verwurzelt.« Die Schwächlinge und die Lebensunfähigen auszusortieren, ist ja wohl die Pflicht des Försters, und in der menschlichen Gesellschaft, der deutschen zumal, wird man ja wohl noch fragen dürfen, wer das Zeug zur Eiche hat – und wer nicht.

Also gewiss nicht »Menschen, die aus der Türkei kommen. Ich bin sicher, dass es ihnen nicht gelingt, unsere Landschaft als Heimat zu erleben.« Egal, in wie vielen Generationen sie »hier sesshaft werden«, sie werden »kein echtes Heimatgefühl bekommen«. Gibt es noch eine für echte deutsche Scholle unempfängliche »Ethnie«? Ja, klar, die bekannte: »Eindrucksvollstes und bestürzendstes (!) Beispiel dafür sind die Juden, die über Jahrtausende hinweg dieses Gefühl nach ihrer eigenen Heimat überall bewahrt haben.« So war es nicht der Antisemitismus, der Theodor Herzl den jüdischen Staat als notwendig proklamieren ließ – und jenes Arschloch, das Anfang der neunziger Jahre Ignaz Bubis, der gegen den Rassismus protestierte, darauf hinwies, dass seine Heimat Israel sei, war kein Arschloch, sondern ein Kenner jahrtausendealter Gefühle.

So hat die Gründung Israels nichts mit dem Holocaust zu tun, und überhaupt darf man sich seine Liebe zu Land und Leuten nicht madig machen lassen durch irgendeine Zusammengehörigkeit von Deutschland und Auschwitz.

Das »abstrakte Bücherwissen« sei zu verwerfen. »Wenn ich mit Leuten aus meinem Dorf über die Nazi-Zeit rede, dann haben ihre Erzählungen Farbe, Geruch und Charakteristika«, berichtet ein Werner. Und er »beginnt zu verstehen, dass mein Vater die Hitlerjugend dazu benutzt hat, um abzuhauen«.

Und auch Karin hat es mit »Oral History« versucht und ihre ehemals schlesische Mutter gefragt, ob sie von irgendwelchen Verbrechen der Nazis etwas mitbekommen habe. Mutti hatte zwar mitbekommen, dass ein gewisser Hitler der neue Führer war und die Arbeitslosigkeit beseitigte. »Und wenn eben Verdienst da ist, weil der Hitler eben für Arbeit gesorgt hat, da war er eben für uns, war eben der Retter in der Not.« Von mehr, sagt sie, »habe ich damals gar nicht gewusst ... Die Familie zu versorgen, zusehen, dass was zu essen da war, das war halt das, was wir damals gemacht haben. Zu was anderem blieb uns auch keine Zeit.« So sind Oma und Opa und Vati und Mutti mal wieder keine Nazis gewesen, und Karin stellt Mutti den weißesten Persilschein aus: Sie habe sich eben »nicht für Politik interessiert« und konnte das »aufgrund ihrer Geschlechts- und schichtenspezifischen Situation auch gar nicht«.

Schluss- und Höhepunkt des Bandes ist ein Gespräch mit Dr. Hans Karl Filbinger, der kurz zuvor als baden-württembergischer Ministerpräsident zurücktreten musste, weil die von ihm als Marinerichter verhängten Todesurteile nicht mehr zu leugnen waren. Das Thema wurde vermieden – vielleicht, weil auch bei Filbinger irgendeine geschlechts- und schichtenspezifische Situation zum taktvollen Umgang mit seiner Vergangenheit mahnte –, auch seine beinharte Haltung gegen die Ostverträge, die ihm Verrat an deutschen Gebietsansprüchen waren, blieb unerwähnt.

Man plauderte über Heimat und warum das Recht auf sie in der Landesverfassung, aber nicht im Grundgesetz verankert sei. Der Mann, der bald das rechtsradikale Studienzentrum Weikersheim gründen sollte, sah keinen Anlass, irgendetwas auszulassen. »Der Mensch sucht nach seiner Verwurzelung in dem Boden und in der Geschichte und in der Tradition, aus der er stammt.« »Die soziale Kontrolle«, eines der vornehmsten Güter verwurzelter Menschen, »kann nicht durch äußere Gesetze oder Zwang ersetzt werden«, sie muss ergänzt werden, indem jeder der Blockwart von jedem ist, sonst brechen »zahllose Auffälligkeiten hervor, wenn die räumlichen Grundbedingungen einer stabilen sozialen Ordnung, die Heimat, aufgegeben wird. Mobilität ... ist eine Bedrohung für die psychische Gesundheit.« Und, denke ich, »psychische Gesundheit« ist ja auch der »Identität« recht ähnlich, nach der die Gesprächspartner suchen.

Bloß keine Zersetzung, erläutert der gerade abgetretene Landesvater, »es kommt darauf an, den Menschen ein zusammenfassendes, ein vereinheitlichendes Bewusstsein zu geben«. Dafür seien beste Bedingungen gegeben, denn es ist »ein fleißiges Volk ... , es ist ein tüchtiges Volk, erfindungsreich, sparsam, ein Volk, das seine Bindungen an die Geschichte hat«, und es ist wirklich ein Volk, weil das »Charakteristika sind, die sämtlichen Stämmen und Regionen des Landes gemeinsam sind«.

Nachdem Filbinger noch erwähnt, mit wie viel Gewinn er gerade Ernst Jünger liest, treibt das Gespräch auf einen Höhepunkt zu, denn nun, kompromisslos, wird die Frage gestellt, ob er denn auch Atomkraftgegnern zubilligen könne, dass sie ein »Heimatbewusstsein, Heimatempfinden, Bemühen um die Heimat und ihre Erhaltung« besäßen.

Da lässt sich der treue alte Nazi nicht lumpen: »Oh ja, natürlich. Dass dort die Heimatliebe und die Sorge um die Heimat eine ganz besondere Rolle spielen, daran gibt es gar keinen Zweifel.«

Ich will dem Filbinger nicht zu große seherische Fähigkeiten verleihen, aber vielleicht hat er dunkel geahnt, dass das Milieu seiner Gesprächspartner irgendwann einen Ministerpräsidenten Wilfried Kretschmann hervorbringen würde, der ebenfalls die Charakteristika sämtlicher Stämme zu verkörpern versteht.

60 Stunden judenfrei: der Fall Edgar Reitz

V on ungleich größerem Gewicht, gefeiert und preisgekrönt als großer Erneuerer des deutschen Heimatfilms, auch von vielen Linken über den grünen Klee gelobt, ist Edgar Reitz. Seit bald schon vierzig Jahren überlässt er die Heimat nicht den Rechten. Sein inzwischen sechzig Stunden umfassendes Epos über ein Dorf im Hunsrück, das dem seiner Kindheit ähneln soll, nahm seinen Ausgang mit elf Folgen in der ARD im Jahr 1984. Der Schwerpunkt dieser fünfzehnstündigen Staffel hat die Zeit zwischen 1929 und 1947 zum Gegenstand.

Es sei die ihm unerträgliche amerikanische Serie »Holocaust« gewesen, die ihn zu der Serie »Heimat« bestimmt habe. Er beschloss, dass die Bewältigung deutscher Vergangenheit in seine, eine deutsche Hand gehöre. Das darf man ihm glauben, denn nicht nur »Holocaust« war ihm zuwider, sondern alles Diesbezügliche aus den USA. »Schon wieder eine Begegnung mit der internationalen, also der amerikanischen Ästhetik. Sie ist der eigentliche Terror«, notierte er 1981. Dieser »Terror« habe zerstörerische Ziele, denn es werden »Showbusiness-Regeln angewendet auf unsere Erinnerung. Was ist das? Das ist der tiefste Verlust der eigenen Sprache.« So »verlieren wir die Identität, die Heimat wird zum letzten Mal und dafür ganz entäußert: in die internationale Konkurrenzsprache übersetzt, das Amerikanische«.

Die Amerikaner nämlich malen immer nur in Schwarz und Weiß, den guten Deutschen kennen sie nicht (»Schindlers Liste« wurde erst 1993 gedreht). »Und die Nazis? Die nehmen sie seit 30 Jahren als Filmstoff, weil sie als monströse Märchenfiguren im Kino vorzuführen sind, ... der Amerikaner soll sie besiegen – wir müssen sie, jeden einzelnen, als ›einen von uns‹ verstehen.« Dass die Nazis »keine von uns« waren, dass sie eigentlich niemandem so fremd wie »uns« waren, ist das gängigste Klischee der Schuldabwehr. Was »uns« auf dem Dorfe ausmache, »das Verhältnis zur Natur, die persönliche Demut, die sich nur über Generationen hinaus auswirkt ... , das passt nicht in die neue Welt oder die neue Kultur«.

Unübersehbar geht es Reitz nicht um die Beurteilung einzelner Filme, ihre Unterscheidung in gute und schlechte, pathetisch-kitschige und beeindruckende (dann wäre die Arbeit von Claude Lanzmann ein Maßstab, an dem viele scheiterten), sondern die ganze Richtung passt ihm nicht. Oder anders ausgedrückt: Die von Dietrich Kuhlbrodt beschriebene deutsche Zensur gegen den ausländischen antifaschistischen Film (in: *Deutsches Filmdwunder. Nazis immer besser*, Konkret Literaturverlag) hatte nicht hart genug zensiert.

»Bei den Bauern war das Vaterland als erweiterte Heimat immer eine irrationale Größe«, schreibt Reitz. Die waren so mit Feld und Vieh beschäftigt, für Chauvinismus war da im emotionalen Haushalt wirklich kein Platz mehr. Die in seinem Epos Porträtierten sind alle nicht makellos, da laufen großzügige und geizige, protzende und bescheidene, dem Alten verhaftete und an moderner Technik interessierte, sich abfindende und von Fernweh ergriffene, sehnsüchtige und borniere Gestalten durchs Bild. Lucie, die aus Berlin kommt, »eine aus allen Angeln gehobene, von Hoffnung und Leben unzerstörbar gefüllte, naiv plappernde, ewig jauchzende und weinende, liebenswerte, hassenswerte, ehrgeizige und resignierte Frau«, verbandelt sich mit dem NSDAP-Bürgermeister, »ihrem Eduard, der einer vom Land ist, der genauso wie sie ein Glaubender ist, ein Hoffender ...« Es menschelt Stunde um Stunde, und man soll mitflennen, wenn die Frauen und Männer ihren Gefühlen beim Anblick von Zarah Leander im Nazi-Film – der auch »Heimat« hieß – freien Lauf lassen.

Entscheidend ist die Pointe: Lucie macht bei den Nazis mit, aber »gehört nicht dazu, weil sie viel zu lebendig ist, als dass sie sich auf eine Parteilinie einschwören ließe«. Auch Eduard, der NSDAP-Bürgermeister, ist kein Nationalsozialist, denn die würden ihm »niemals höhere Ämter anvertrauen«. Und so entsteht vor den Augen des Zuschauers das Hunsrück-Dorf »mit seinen Lebensgewohnheiten, seinen menschlich liebenswerten, engen, aneinanderhängenden Verhältnissen« voller Charaktere »mit ihren kleinen Verquertheiten, aber auch mit dieser Treue, die unvergesslich ist«. Und natürlich, weil aller Heimatkitsch ohne diese Lüge, ohne das Verschweigen dessen, was der Brut so angetan wird, nicht auskommt, liebt man sie, »weil sie eine Welt für Kinder schafft, in der Kinder glücklich sind«. Kurzum: »Dies ist die Hunsrücker Welt, die ich liebe, aus der ich gekommen bin und die ich kenne.«

Fehlt da was? Etwas, das stören könnte? Das mit den Juden zum Beispiel? »Das sind Geschichten am Rande«, fasst Reitz sein Epos zusammen und vergrößert damit das fast komplette Verschweigen beinahe, »das Schicksal der Juden im Dritten Reich ist nicht das Thema des Films, und ich weigerte mich, nur um Angriffen von vornherein zu begegnen, einen ›Pflichtjuden‹ ... in die Geschichte einzubauen.«

Es hätte nicht nur einer sein müssen. Einer der wenigen wirklich kritischen Rezensenten – ich vernachlässige an dieser Stelle US-amerikanische Stimmen –, Fabian Wolff, hat in der »Jüdischen Allgemeinen« darauf hingewiesen, dass gleich um die Ecke, in Laufersweiler, 1925 eine jüdische Gemeinde mit 75 Mitgliedern bestand (allein aus diesem Flecken wurden laut Yad Vashem 37 Juden während der NS-Zeit ermordet) – in ebenfalls nahen Gemeinden wie Sohren, Simmern, Kirchber sah es ähnlich aus.

Sie dürfen nicht vorkommen, weil der Hunsrück – und durch ihn Bauernschaft, Dorf, Provinz in ganz Deutschland – einen Freispruch erhalten soll. Das ganze Epos ist die Antithese zur Wahrheit, wie sie – um an dieser Stelle nur ein Beispiel zu nennen – etwa von Michael Wildt (*Volksgemeinschaft als Selbstermächtigung*) gezeigt wird: Die gewaltsame und systematische Diskriminierung und Entrechtung der Juden beginnt schon vor 1933, in der Provinz. Kaum etwas passte weniger in Reitz' Epos als etwa die filmische Bebilderung der Beobachtung Eugen Kogons (*Der SS-Staat*), die Folterer des KZs, in dem er Jahre litt, seien zum größten Teil jüngere Bauernsöhne gewesen.

Dass die Juden nur »am Rande« vorkommen, mag auch den Grund haben, dass sie damals wie heute zur Heimat unfähig sind; wurzellos und nur in der den Deutschen fremden Geschäftemacherei zu Hause: »Die Juden, seit jeher auch ›Weggeher‹, passen gut in diese amerikanische Kultur, die nur noch expandieren will, die Konkurrenz auf allen Gebieten betreibt.«

Wie gemalt für die Erkenntnis, dass es keine Heimatliebhaber gibt, die nicht auch Nationalisten sind, ist »Heimat 3«, mit den Rückblenden auf die Wochen der deutschen Wiedervereinigung. Ich will ehrlich sein, habe mir das nicht auch noch angeschaut, nur nachgelesen. Recherche in diesem Dreck setzt Opferbereitschaft voraus, gewiss, aber nicht grenzenlose.

Es ging Reitz darum, »den lebendigen Reichtum der ersten Wochen und Monate nach der Wende zu erfassen«. »Alle diese Bilder, Gerüche, Worte und Gefühle, mit denen sich die hoffnungsfrohen Begegnungen von Ost und West abgespielt haben«, als »die ganze Nation die Wiedervereinigung feierte«. Da hatte »die Geschichte (die Deutschen) plötzlich aus ihrem Würgegriff entlassen«. Und weil die Deutschen, erstmals seit den Versailler Verträgen ungewürgt, dann auch zu feiern verstehen, hat es »nie ein hinreißenderes Silvester gegeben als 1989«. Wem damals die Bilder vom Brandenburger Tor Angst einjagten, der ist einfach nicht unverkrampft.

Höhepunkt des Films, die turmhohe Überlegenheit über Pathos und Sentimentalität sowie billige Effekthascherei aus Hollywood beweisend, soll übrigens die Szene sein, wo ein Hermann aus dem Hunsrück eine Jana aus Sachsen auf die Zugspitze führt und Jana dort – ganz oben auf Deutschlands höchstem Berg – sagt: »Wir Deutschen sind heute das glücklichste Volk der Welt.«

Das ist einzigartig, das ist ergreifend, das verkörpert den neuen deutschen Film. Auf der Suche nach Unterschieden zwischen den Leuten von »Ästhetik und Kommunikation« und Edgar Reitz befürchtete ich lange, nichts zu finden. Aber dann doch: Während den einen Filbinger der Liebste ist, hat Reitz einen anderen Favoriten. Kurt Beck sei »ein liebenswerter Mensch geblieben ... Der urige Südpfälzer kann einem noch richtig in die Augen sehen ... Ich fühle mich wohl in seiner Nähe.«

Die Pfälzer Stämme halten eben zusammen.

Übrigens hatten Volker Schlöndorff, Margarethe von Trotta und Alexander Kluge sich beim Biennale-Chef für Reitz und die Aufnahme seines Epos ins Festivalprogramm eingesetzt, mit der Begründung: »Heimat, der Geburtsort, ist für jeden Menschen der Mittelpunkt der Welt.« »Damit«, wurde in **konkret** angemessen polemisch kommentiert, sei »die Entbindungsstation zum biografischen Angelpunkt geworden und die Lebensphilosophie des Dorfdeppen in der BRD als dominante Kunstauffassung durchgesetzt«.

Landser gegen Irredenta:
der Fall Oskar Negt

Wo Alexander Kluge ist, ist Oskar Negt nicht weit. Ich zitiere aus dem Heimatkapitel seines Buchs *Der politische Mensch*. Es gebe einen »unbändigen Willen, sich gegen die Enteignung der eigenen Lebenswelt zur Wehr zu setzen«, dass also die Verteidigung der »Realität, die die Menschen umgibt und in der sie sich aufgehoben fühlen ... das stärkste Motiv ihres Widerstands ist und bleibt«. Heimatgefühl sei nichts anderes als »das Bedürfnis nach Identität«, und deshalb würde »Heimat, als organisierendes Zentrum dieser Lebenswelt, eine orientierende Funktion der Befreiung gewinnen« – natürlich, wie immer, nur, wenn die Linke das endlich begriffe.

Um diese herausragende, prioritäre Bedeutung zu plausibilisieren, wird meist darauf verwiesen, was der engagierte Bürger so an sinnvollen oder auch überhöhten Banalitäten treibt. Das Atomkraftwerk soll weg, die Verkehrsplanung reformiert, die Fahrradwege saniert, der Fluglärm gedämpft, die steigenden Mieten verhindert, das zu rettende Fachwerkhaus abgerissen, die Schließung der Post verhindert werden usw. Das alltägliche Hin und Her eben, das Handgemenge, auf das selbstverständlich auch ich, wo's mir sinnvoll scheint, mich einlasse – ohne an »Widerstand« oder gar »Befreiung« zu denken.

Dieses Handgemenge verliert allerdings seine »Unschuld«, wenn es als Kampf um Heimat ausgegeben wird. Es transformiert sich nach der Weise, wie ein Protest von Studenten gegen überfüllte Hörsäle und unbequeme Studienbedingungen, sobald dieser damit begründet wird, dass Deutschland ein rohstoffarmes Land und Bildung deshalb seine wichtigste Ressource sei. Dann wird aus der Auseinandersetzung mit Alltagsärgernissen Nationalismus.

Kein von mir gelesener Autor geht so inflationär mit den Begriffen »Entwurzelung« und »Verwurzelung« um wie Negt. Völlig geschichtsvergessen die enge Zugehörigkeit zur Blut-und-Boden-Ideologie, untrennbar vom Bild des verwurzelten »Ariers« versus den nomadischen, zersetzenden Juden.

Auch dem Stalinismus war der »wurzellose Kosmopolit« das demagogische Instrument, das Jüdische Antifaschistische Komitee in der Sowjetunion zu liquidieren, die Ärzteprozesse zu führen und für andere Scheußlichkeiten. »Entwurzelung ist der Gegenbegriff zu Heimat« schreibt Negt – und

damit sind schon einmal alle auf der falschen Seite, die sich zu ihrer Wurzel-
losigkeit bekannten (man lese Klaus Mann!) oder die nicht durch Gewalt bzw.
Armut zum Verlassen der Gegend ihres Heranwachsens gezwungen wurden,
sondern denen unerträglich war, was Negt als »Verwurzelung« so aufzählt:
Der »Erfahrungsraum von Familie im generationenübergreifenden Haushalt«, die »Nachbarschaft« mit »verlässlichen Bindungen«, die »Vertrautheit und Nähe« – und was die Höllen sonst noch für Namen tragen.

Es geht mir nicht darum, die Tatsache zu bagatellisieren, dass Menschen
zur Flucht gezwungen werden. Aber »dass die Wertschätzung der Sesshaftig-
keit an einem Ort gebunden ist an die Existenz herumgejagter Menschenmas-
sen«, wie Wolfgang Pohrt es in **konkret** formulierte, setzt doch zwei Übel ins
Verhältnis zueinander.

Bei Oskar Negt macht die intakte Heimat die Menschen gut – und um-
gekehrt: »Wo Heimat bedroht wird oder bereits zerstört ist, entsteht daher
ein fruchtbarer Boden für Fremdenhass, nicht, wo sie gesicherter Bestandteil des Lebenszusammenhanges ist.« Das hat keinen Halt in der Wirklichkeit. Während eine überwältigende Mehrheit der Deutschen zu Protokoll
gibt, ihre Heimat wertzuschätzen, sieht gleichzeitig eine große Mehrheit von
ihnen (laut Allensbach) diese Heimat von »zu vielen Ausländern« bedroht
oder eben, mit Blick auf bestimmte Städte, zerstört. Dass die Bezugnahme
auf Heimat dem Rassisten erst das kürzlich noch Verpönte, Inhumane aus-
sprechbar macht, ignoriert Negt. Das ist irre, hat aber eine gewisse, die Deutschen entschuldigende Logik.

Nebenbei will ich noch erwähnen, dass sich Negt, um sich unverdäch-
tig zu machen, auf »Schriftsteller von Weltrang« beruft, die »weltläufigsten
und produktivsten Schriftsteller«, die »nie anfällig für eine reaktionäre Wendung zur Schollenromantik« waren. Zu diesen über jeden Verdacht Erhabe-
nen zählen eben Günter Grass und Martin Walser. Zwei also, deren Antisemitismus selbst im bürgerlichen Feuilleton verhandelt wurde. Das ist weder
Unkenntnis noch bloßer Zufall.

Die Nazis versprachen »den Entwurzelten Sicherheit durch Verankerung
in Blut und Boden« (mit den bedauernswert Entwurzelten können nur ari-
sche Deutsche gemeint sein), »und mit der Parole ›Heim ins Reich‹ das Problem der ewigen Irredenta, der unerlösten Gebiete, zu bewältigen, bestimmte die Anfangslogik eines Eroberungskrieges«. Das ist viel auf einmal. Es gab
ein »Problem der Irredenta«? Das ist das harmlos klingende, italienische
Wort für den Anspruch, alles, was sich deutsch fühlt oder deutschstämmig

dünkt und deshalb nicht Staatsbürger des Landes seiner Wohnorte sein will, also integrationsunwillig ist, in die deutschen Staatsgrenzen einzugemeinden, und jene, die nicht »arisch« waren, zu vertreiben oder zu Hilfsvölkern, Arbeitssklaven zu erniedrigen. Das war vor dem Krieg bekanntlich mit Österreich und dem »Sudetenland« gelungen. Waren das zuvor »unerlöste Gebiete«? Was für ein Wort!

Aber Negt spricht ja von der »Anfangslogik« des Krieges.

Sehr schnell war die deutsche Wehrmacht bekanntlich zum Beispiel in Dänemark, Norwegen, Belgien, die Niederlande, Frankreich, Griechenland etc. einmarschiert, was nun wirklich für jedermann sichtbar nichts mit Irredenta und »unerlösten Gebieten« zu tun hatte. Aber da – und nach der »Anfangslogik« – erlebten die deutschen Soldaten etwas: »Die Art und Weise, wie die Nazis mit dem Heimatproblem (schon wieder ein ›Problem‹, Th. E.) umgegangen sind, verweist auf eine ihm eigentümliche Dialektik: In dem Maße, wie im Zuge der Eroberung fremder Völker und Territorien eine Art Weltläufigkeit (!) für die erzeugt wurde, die vom nördlichen Eismeer bis hin nach Afrika fremde Länder erfahren (!) und mit anderen Völkern in Berührung kommen, geht für die betroffenen Subjekte ihr Kampfmotiv verloren.« Hier wird das Gemetzel zur Bildungsreise, die Weltläufigkeit erzeugt und bei der Kulturelles »erfahren« wird – wodurch die Kampfmoral sinkt.

Wahrscheinlich war es die Lektüre von Puschkin und Turgenjew, das Kennenlernen von Dörfern, die man verwüstete, was die bekannte deutsche Kampfesunlust vor Stalingrad erzeugte. Ganz zu schweigen von einem Besuch des Louvre in Paris. Das ist komplett verrückt – und hat Methode.

Seit die heimatliebenden Landser merkten, dass nicht nur »Integration von deutschsprachigen Gemeinschaften in das Deutsche Reich« das Ziel war, ging mit der »Übersichtlichkeit der Kriegsschauplätze allmählich die Übersichtlichkeit des eigenen Kampfmotivs verloren«. Später dann, als die Alliierten vorrückten, konnten die Nazis »die heimatlichen Verteidigungsmotive (nicht mehr) in einem militärischen Widerstand bündeln«.

Man liest so etwas und staunt. Der so oft dokumentierte Durchhaltewille der Deutschen, das sogenannte »Unitalienische«, die irrational anmutenden Schlachten auf verlorenem Posten, auch das pflichtbewusste Weitermorden in Auschwitz und auf den Todesmärschen, der ganze »Nicht-Zusammenbruch«, bevor sie schlicht militärisch erledigt waren, wird transformiert in einen kriegsentscheidenden stillen Widerstandsakt, den Verlust des Kampfmotivs.

Zweierlei Heimat:
der Fall konkret

L iest man Negt gegen seine eigene Intention – die Heimatliebe als »orientierende Funktion der Befreiung« selbst am Beispiel der Deutschen im Zweiten Weltkrieg zu retten –, dann könnte man auch die Triftigkeit der bestens komprimierten Formel daraus ableiten: »Ohne Heimatliebe kein Völkermord und kein Verbrechen gegen die Menschheit.« Das Wort stammt von Hermann Gremliza, dem Herausgeber von **konkret**, und lässt nicht mehr erkennen, wie umkämpft in dieser Zeitschrift war, ob man sich so oder ganz anders zur »deutschen Heimat« zu stellen habe.

In den achtziger Jahren, als **konkret** noch das ganze Spektrum linker Auffassungen abbilden und also plural sein wollte, schrieb dort manch heimatliebender Autor. 1984 bespricht Erwin Keusch das Reitz-Epos hymnisch, erkennt »bisher einzigartige Meisterschaft«, eine »Fülle von Kreativität, Witz und menschlicher Wärme«, ein »Drehbuch voll Poesie, Humor und lakonischem Geschichtsbewusstsein«, in dem jeder Mensch »auch in seinen Schwächen mit heiterer Wärme ausgestattet« sei.

2004, das Blatt erblickt in den Deutschen längst keine »menschliche Wärme« mehr, diagnostiziert Dietrich Kuhlbrodt »nebliges Pathos«, stellt fest, »die Deutschen haben wieder Wurzeln«, und urteilt: »Wir geraten in ein nationales Weihespiel, das uns nicht nur das letzte Jahrzehnt des 20. Jahrhunderts deutet, sondern uns auch die Augen öffnet fürs Tausendjährige, in das die Zeit sich wendet.«

Die antagonistischen Rezensionen spiegeln die unversöhnlichen Positionen der früheren Dispute. Für die Strömung der Heimatfreunde, die sich geradezu zwanghaft im *nationalen* Abwehrkampf wähnen, wähle ich beispielhaft die Schriftsteller Hermann Peter Piwitt, Gerd Fuchs und Stephan Reinhardt. Wir sind in den Jahren 1981/82. Piwitt hat »sich aufgemacht, seine Heimat zu suchen«. Er findet ein besetztes Land. Er erschaudert vor dieser »allgegenwärtigen US-Kultur, die nur diese Vormundschaft in den Sitten« spiegelt. Er sieht in den entsprechenden Fraktionen »im linken und grünalternativen Spektrum« die Bereitschaft, diese »amerikanische Vorherrschaft« zu bekämpfen, obwohl selbst hier, wie jeder Anglizismenjäger weiß, »die Gefahren lauern«, in dieser »Yankee-Sprache, die mit ›fighting‹

und ›dope‹, ›power‹ und ›message‹ uns selbst dort noch beherrscht, wo wir Widerstand leisten«.

Kurzum, alles lief auf eine der infamsten Vokabeln der deutschen Opfermythologie hinaus. Piwitt fragte sich: »Wie kann ich mich wehren gegen den täglichen *Kolonialismus*?« Der antikoloniale Kampf beginne mit der Überwindung der Haltungen »der heimatlosen bürgerlichen Linken« der fünfziger und sechziger Jahre. Als diesem Denken Verhafteter wurde Wolfgang Pohrt enttarnt, wobei das Attribut »bürgerlich«, gerne auch »kleinbürgerlich«, seine klassische Funktion, das Argument durch Denunziation zu ersetzen und den eigenen Standpunkt als »proletarischen« zu adeln, seinen Zweck einmal mehr erfüllte.

Die Zeit der »Totschlagworte« laufe ohnehin ab, freute sich Stephan Reinhardt, Piwitt rezensierend, die verknöcherten heimatlosen Linken würden abgelöst, es wachse eine »*unbelastete*« Generation nach, »*unbefangener* im Umgang mit Wörtern wie Heimat und Nation«. Die Kampfbegriffe »unbelastet«, »unbefangen« und »unverkrampft« beginnen ihre große Karriere, die sie mit der Wiedervereinigung in die Charts führte, schon zehn Jahre davor.

Es geht dann viel um die »Rehabilitierung der Provinz«, natürlich auch um »Wiederentdeckung von Folklore, Bräuchen, Dialekten«; auch um den »Aggregatzustand der Seele ..., der Heimat bedeutet«, und – ganz ohne biologistische Metaphern geht's halt nicht – um Heimat »als Einheit des *natürlichen* sozialen Milieus, in dem ein Mensch heranwächst und durch das er geprägt wird«.

Beeindruckt zeigt sich Reinhardt von einer »Gorch-Fock-Interpretation« (das ist ein Seefahrts-Heimatdichter aus Hamburg-Finkenwerder), in der Piwitt den von den Nazis nicht grundlos hochverehrten Schriftsteller unterschieden wissen will von jenem Ökologen, in dessen intakten Natur- und Milieubildern »das Zeug für eine konkrete Utopie steckt«. Ich habe das nicht recherchiert, nicht nachgelesen – und muss nicht alles ganz genau wissen. Mir reicht Piwitts Suche nach der »Möglichkeit einer neuen nationalen Identität«.

Zwei Zitate noch, scheinbar unpolitisch, eins von Piwitt: »Heimat beginnt gleich um die Ecke, ist das Abenteuer des Sichzuhausefühlens gleich an der nächsten Straßenecke.« Welch großes Wort – Abenteuer! – für nichts oder für »die kleine Kneipe in unserer Straße«, wie sie Peter Alexander besingt. Und eins von Fuchs: »Heimat, das heißt doch auch, dass man sich irgendwo zu Hause fühlt, sich wohlfühlt – bei mir jedenfalls.« Dass »man sich ja wohl noch *wohlfühlen* dürfe«, das liest sich, als wäre es mit unterstreichenden

Faustschlägen auf den Tisch vorzutragen: Es ist der resignative Wunsch, kein Zerwürfnis zu haben, es ist Kapitulation, die in der Fähigkeit zum Mitfeiern mündet, zur Akzeptanz der Menschen, »wie sie nun einmal sind«, weder sauertöpfisch noch vergrübelt.

Es springt mich regelrecht an, wie viele Heimatliebende auch in aktuellen Debatten zwanghaft zu Protokoll geben wollen, dass sie wirklich gut zurechtkommen. Ein Florian Wilde von der Rosa-Luxemburg-Stiftung, der den Aufruf »Solidarität statt Heimat« nicht zu unterzeichnen rät, weil er sich »den Luxus von gesellschaftlicher Isolierung durch ultralinke Selbstvergewisserung nicht leisten« will, hat »persönlich viele Heimaten: Kiel, weil ich dort geboren bin; Hamburg, weil ich dort lange und gerne gelebt habe …, die sozialistische Bewegung …, verschiedene Subkulturen«. Und wenn er noch etwas nachdenkt, fallen ihm bestimmt noch sieben bis siebenundzwanzig weitere Heimaten ein, wo er sich wohlfühlt oder -fühlte.

Die gesellschaftliche Isolierung als »Luxus« zu bezeichnen, ihr alle Bedrückungen abzuerkennen, verrät den Autor als politischen Funktionär, als Planstelleninhaber auf Lebenszeit, der das Mitmachen bei allem, was Erfolg verspricht – also auch bei der »Aufstehen«-Bewegung –, zur schweren Last stilisiert, die er zu tragen bereit ist.

Die Angriffe auf den Aufruf »Solidarität statt Heimat«, der einige humanistische und antirassistische Grundpositionen gegen scheußliche Entwicklungen festhält (und schon durch den in der Überschrift formulierten Antagonismus verdienstvoll ist), wären eine eigene Betrachtung wert. Hier sei nur am Rande bemerkt, mit welchem Stolz die eigenen Borniertheiten zur tugendhaften Heimattreue verklärt werden. So schreibt Birgit Gärtner (bei »Telepolis«), sie sei geborene Ostwestfalin und brauche deshalb »Gerüche, bestimmte Gerichte bzw. die Zubereitung auf bestimmte Art; ich liebe Kartoffeln und Bier statt Pasta und Wein, Grünkohl ist eine Delikatesse, ebenso Stippgrütze«, und alles, was nicht nach Ostwestfalen schmeckt, sei ihr »suspekt«. Das ist bestimmt aufregend, breitester Bekanntmachung würdig und ein unschlagbares Argument gegen einen antirassistischen Aufruf. Bevor Birgit am Wein nippt und an Pasta kaut, hat man zehn alte, tief verwurzelte Eichen erfolgreich umgepflanzt!

Die Koexistenz von glücklichem Bewusstsein und Bereitschaft zur Grausamkeit, wie Herbert Marcuse sie untersucht hat, gerade für die Gesellschaften der Weltmarktsieger, für die »Gesellschaft im Überfluss«, muss im Namen des Wohlfühlens ebenso beiseite geschoben werden wie alles, was die Kritische Theorie über das Zusammenfallen von Entmenschlichung und Zivilisation zu ermitteln suchte, eben, wie die Herrschaft in die Menschen einwandert, die funktionierenden Mitglieder nach ihrem Ebenbild erschafft.

Wenn überhaupt »was gehen« soll, so ist nicht Wohlfühlen das Motto, sondern das Gegenteil, nämlich, »die Menschen zum Bewusstsein des Unglücks, des allgemeinen und des davon unablösbar eigenen, zu bringen und ihnen die Scheinbefriedigungen zu nehmen, kraft derer in ihnen die abscheuliche Ordnung nochmals am Leben sich erhält« (Adorno).

Die Erkenntnis der erzeugten Hässlichkeit der Menschen, das Bewusstsein des Unglücks in der abscheulichen Ordnung, macht den Erkennenden, wie wir wissen, nicht immun; sie ermöglicht nur Reflexion auch über die eigenen Schäden. Sie ermöglicht, die Wurzeln zu kappen, den sogenannten Prägungen zu entrinnen. Wer das »ultralinke Selbstvergewisserung« nennt, will nicht kritisch denken – und wer stets »gesellschaftliche Isolierung« fürchtet, den beherrscht die Angst vor der Einsamkeit.

Dies festzustellen, ist weder asketisch noch ein Plädoyer dafür, gebückt rumzulaufen, als trüge man die Weltkugel auf seinen Schultern; man möge dem Bestehenden abtrotzen, was ihm abzutrotzen ist. Jeder Zipfel des Glücksversprechens werde ergriffen – und wen das Glück einer großen, bedingungslosen Liebe erwischt, wer also Erotik kennenlernt, vergesse für einige Zeit alle Übel dieser Welt und gehe auf keinen Fall zur Arbeit. Auch Musik und Literatur, wenn sie gut und also nicht leicht verständlich sind, lassen aufscheinen, was das GANZ ANDERE sein könnte. Man muss auch das Graduelle nicht verachten, es lebt sich in gewissen Stadtteilen oft besser als in den Orten des Aufwachsens. Wer schwärmerisch mehr sagt, ist blind oder lügt. Blind gegenüber den sozialen Verhältnissen und städtebaulichen, autogerechten Scheußlichkeiten. Für (»linke«) Kiezromantik finden sich nur falsche Gründe.

Die »Heimatfeinde« in **konkret** sind in jenen Jahren Eike Geisel und Wolfgang Pohrt. Heimat, schreiben sie, sei ein »Trostwort«, »ein freundlicher Name für Resignation«, sei die »Glorifizierung des Selbstverständlichen und die Tendenz, sich unter Absingen lauter Lobeshymnen aufs Unvermeidliche in dieses Unvermeidliche zu schicken«. Geborgenheit, Wohlgefühl vermögen sie in dieser »falschen Anwesenheit des Vergangenen im Gegenwärtigen« nicht zu erblicken, vielmehr entstehe »jene Verbitterung, die einem aus der Heimat entgegenschlägt«, aus der normalen bürgerlichen Laufbahn

»von der zu den schönsten Hoffnungen berechtigenden Jugend unter Preisgabe aller Illusionen in eine verkrachte Existenz«.

Zentraler, den Antagonismus bestimmend, ist die Feststellung von Geisel und Pohrt: »In einer Nation, gar mit der Geschichte der deutschen, steht die Betonung des Heimatmilieus vorab schon unter dem Verdacht der Barbarei«, denn im Land »der systematischen Vernichtung von Juden, Zigeunern, Homosexuellen war das, was man Heimatliebe nannte, zu lange mit dem Hass auf alles Fremde verbunden. Und ist es noch.« Das beweise das »paranoide Ressentiment gegen die ausländischen Arbeiter« (die man damals noch mit »Rückkehrprämien« und nicht mit Abschiebungen außer Landes schaffen wollte), weshalb Heimatverbundenheit »nicht als Liebeserklärung an die Landsleute gemeint, sondern als Kriegserklärung an jene zu lesen ist, die man als nicht zur Heimat gehörig identifiziert«.

Ich empfehle die Lektüre. Ungern, denn Pohrt und ich waren nicht immer Freunde, und ich neige nicht zur Altersmilde.

Heimat, Volk, Elite:
der Fall Georg Seeßlen

W er sich mit »Die Linke und die Heimat« beschäftigt, kommt an Georg Seeßlen nicht vorbei. Er hat viel und über einen langen Zeitraum dazu geschrieben und fürs Radio produziert. Ich habe von seiner großen Fähigkeit profitiert, einzelne Erscheinungen und Hässlichkeiten der deutschen Gesellschaft, ihres Kulturbetriebs und die »Kontinuitäten in der deutschen Film- und Fernsehunterhaltung« akribisch zu untersuchen. Um nur ein materialreich belegtes Fazit (wiederum aus **konkret**) zu zitieren: »Das Fernsehen des Jahres 1939 in Deutschland war nicht sonderlich unterschieden von dem des Jahres 1996 in Deutschland ... An einem Film wie ›Wunschkonzert‹ lassen sich an Choreografie von Bühne und Zuschauer die Kontinuitäten vom faschistischen Unterhaltungsevent zur bundesdeutschen Fernsehunterhaltung belegen.«

Um ein zweites Beispiel seiner Hellsichtigkeit zu geben: Früh hat Seeßlen den Boom der Trachten, Dirndl, Lederhosen wahrgenommen als »Code einer karrieristischen, überaffirmativen Jugend«, mit dem man demonstriere, man »sei ›deutsch‹, und zwar ›richtig‹«, man bekenne sich zwar »nicht zu einer bestimmten Provinz, sondern zur Provinzialität« schlechthin und schätze an der »Tradition« die festgefügten Rollen der Männlichkeit und Weiblichkeit: »Das Tragen einer Tracht beinhaltet nicht nur die Erlaubnis, politisch und sexuell mehr als unkorrekte Witze zu lallen, sondern auch genau das Verhalten an den Tag zu legen, das ansonsten im Diskurs der Klasse als nicht schicklich gilt.« Eine schöne Metapher für den Zusammenhang von Trachtenboom und Verrohung.

So viel zur Preisrede auf den Autor. Ich bin des trocknen Tons nun satt, sagt der Geist, der stets verneint, und drum zur Kritik: Georg Seeßlen hat, behaupte ich, seine *Kapitulation* erklärt, die Unmöglichkeit, jedenfalls die temporäre, seiner Bestrebungen, Ambitionen, Gedankengebäude. Er schreibt, es gebe drei Begriffe (neben »Heimat« sind das »Volk« und »Elite«), die man *früher* von links denken konnte. »Das geht nicht mehr. Es wäre die Unterwerfung unter rechte Deutungen.« Warum sollte bis kürzlich richtig gewesen sein, was jetzt Unterwerfung unter rechte Deutungen ist? Warum kann man sich nicht auf die schöne Formel einigen, die Michael Scharang fand?:

»Das alte Gejammer von der heimatlosen Linken ist jämmerlich. Eine Linke, die eine Heimat hat, ist keine.«

Ich versuch's mal: Staunend, weil mir da kein Irrtum möglich schien, stehe ich vor dem Lob Seeßlens für Edgar Reitz, den er den »großen filmischen Chronisten der Heimat« nennt. Zweitens will er sich »nicht bedenkenlos am Heimatfilm-Bashing beteiligen«, das in bestimmten Kreisen zum guten Ton gehöre. Zwar sei manches unerträglich, den Stereotypen der Nazi-Zeit ähnlich, aber das sei »kein Grund zu übersehen, dass es auch im deutschen Heimatfilm der fünfziger und sechziger Jahre rebellische, realistische und eigensinnige Ausrutscher gab«. Ich gebe zu, ich kenne die nicht; ich hoffe, er meint nicht Vorgänger von Reitz. Wenn man sein Urteil von einer marginalen Ausnahme abhängig macht, dann findet man gewiss auch einen deutschen Soldaten, der unter Einsatz seines Lebens einen verwundeten Russen gerettet hat – oder einen Heimatdichter, den die Nazis nicht mochten (vielleicht ein heimattümelnder Jude?).

Seeßlen geht es um eine wertende Gegenüberstellung. »Der »kritische Heimatfilm« (ich halte das für das falsche Wort, es macht die Feinde des Heimatfilms zu kritischen Heimatfilmern, es verwischt den Unterschied, der – um das Feld zu wechseln – zwischen einem kritischen Soldaten und einem Wehrkraftzersetzer oder Deserteur liegt; und Arnold Zweig hat mit seinem *Grischa* einen Antikriegsroman geschrieben und keinen »kriegskritischen«). Also noch mal: Der »kritische Heimatfilm als ein Seitenstrang des neuen deutschen Films ging noch von einem geschlossenen Heimatbegriff aus, nur dass diese Geschlossenheit nun nicht mehr gefeiert wurde, sondern als politisches, moralisches und nicht zuletzt sexuelles Gefängnis gesehen wurde«. Dieser Mangel, dieser Makel der puren Negation, dieses Markenzeichen der literarischen und filmischen »Nestbeschmutzer«, sei inzwischen überwunden durch einen »offenen Heimatbegriff«. (Offen klingt immer gut.)

Seeßlen: »Ein offener Heimatbegriff dagegen lässt die zweidimensionale Beziehung Heimat/Nicht-Heimat hinter sich. Heimat ist eines der konstituierenden Elemente eines Lebens oder eines Diskurses, aber keineswegs das einzige.« Der Mensch ist also nicht *völlig* von der Heimat geprägt, der Heimatfilm nicht mehr völlig der Tradition verpflichtet, Veränderungen können positive Seiten haben, Geschlechterklischees werden ungültig, etc. pp., und so geht es munter weiter: Heimatliebe finde sich auch in der Science-Fiction, es gebe auch queere Heimatfilme, bis der Begriff jede Kontur verliert, seine Anbindung an die historisch-reaktionäre Bedeutung gänzlich einbüßt. Es ist

– wenn auch »gebildeter« – wie das Geschnatter eines Tim Mälzer (dem Heimat ist, wo man mit ein paar Freunden gut essen und trinken kann), und vieler »Moderner«, die sich ein ganz privates Bild von Heimat machen. Bilanzierend kommt Seeßlen zu dem Schluss, »der Diskurs der Heimat« sei, wo die von ihm begrüßte »Erweiterung und Entdogmatisierung« stattfgefunden habe, »entschieden von der Nation getrennt«.

Nichts glaube ich weniger als das. Um Missverständnissen vorzubeugen: Weder behaupte ich, alle schroff der Heimat als »Gefängnis« begegnenden Filme und Romane seien gelungen (das wäre so absurd wie die Behauptung, alle von den Nazis verbotene und verbrannte Literatur habe den »Maßstäben der Kunst« genügt), noch will ich *pauschal* tadeln, was Seeßlen die Kunstwerke des »offenen Heimatbegriffs« nennt. Dazu fehlt mir der Überblick. Mir geht es um die Tendenz. Nur weil es eine »cineastische Aufarbeitung der Verbrechen der Nazi-Zeit auch und gerade in Bezug auf die Provinz, die Heimat« gegeben habe, sei jetzt etwas möglich und erlaubt: »Heimat zu *akzeptieren*, auch als *positiven Wert*, heißt nun nicht mehr automatisch, blind gegenüber der Geschichte zu sein. Es heißt aber auch nicht, sozusagen automatisch unter *Legitimationsdruck* zu geraten.«

So – ich überspitze – macht erneut die Beschäftigung mit Auschwitz, die Vergangenheitsbewältigung frei. Der positive Wert – Heimat – muss nicht länger legitimiert werden.

Ich erlaube mir eine Mutmaßung: Seeßlen ist ein Propagandist der »Zivilgesellschaft«, einer im Kern konservativen Theorie, die von der Behauptung lebt, es sei die beste aller Welten, wenn die »Macht« von der »Zivilgesellschaft« kontrolliert, beeinflusst und korrigiert werde. Für diesen Gedanken, der die bestehende Ordnung voraussetzt, bedarf es eines kräftigen, mutigen, großen Antipoden zur Macht, der oft in übertriebenen, enthusiastischen, kitschigen Worten beschrieben und gefeiert wird. Nun stellt sich heraus, dass er viel kleiner, möglicherweise winzig ist, bereit zu Anpassung, zum Arrangement mit den neuen Verhältnissen. In Österreich gab es keine einzige größere Demonstration gegen das Regierungsbündnis zwischen weit rechter ÖVP und faschistischer FPÖ; in Deutschland stellt sich die Talkmaster-»Elite« auf die Regierungsbeteiligung der AfD ein, indem sie deren Repräsentanten in vollständiger Unterwürfigkeit begegnet.

Die ganze Illusion von der Zivilisierung der Gesellschaft durch »die 68er« zerplatzt wie die Behauptung der Wirkmächtigkeit linker Heimatdiskurse. Gut zu wissen.

Geprägt durch Ostwestfalen: der Fall Sundermeier

Heimatverbundenheit führt zur Abmilderung der Gesellschaftskritik oder zu ihrem Erlöschen. Jörg Sundermeier, Chef des Verbrecher-Verlags und also Retter zahlreicher Autoren, die ihrem Zerwürfnis mit dem Bestehenden literarischen Ausdruck verliehen haben, beweist mehr die zweite als die erste Möglichkeit. Der Klappentext seiner »Heimatkunde Ostwestfalen« verspricht »eine sentimentale und kritische, vor allem aber heitere Reise« durchs Land seiner Kindheit, von dem der Autor weiß, »dass jene Kultur, in die man hineingeboren ist, einen *prägt*. Im Guten wie im Schlechten.«

Da kommt man nicht raus, da ist man fürs Leben gezeichnet – und die Drohung mit der vor allem heiteren Reise wird wirklich wahr gemacht, sogar mit »Humor«, was meine Erwartung an Bücher zum »alternativen Tourismus« übererfüllt. Selbstredend ist dem alternativen Heimatforscher »der Begriff Heimat unheimlich« – das gehört sich so –, aber »vertraut« (also das Gegenteil von unheimlich) sind ihm die Eigentümlichkeiten, also »die Arten und Unarten der Leute«. Er hat »Verständnis für sie«, besonders auch für ihre »leidenschaftlich ausgelebte Provinzialität«. Leidenschaftlichkeit und Liebe bauen bekanntlich nah beieinander, schon deshalb »liebt« er »die Landschaft«, verschweigt nicht seine »Liebe zu Bratwurst, Dämpern und Bier« und vielem mehr, zum Beispiel zu den »liebevoll restaurierten Schmalspurdampflokomotiven« Güterslohs. Er »dankt« der »Initiative ›Unser Dorf soll schöner werden‹ für manch gerettetes Fachwerkhaus« und müht sich, mich nach Detmold zu locken, in »diese schöne alte Stadt«, die trotz eines kleinen Makels, einer »unwirklichen Shopping Mall«, insgesamt »wirklich sehenswert ist« – nein, mehr, »beeindruckend«.

Auch das Hermannsdenkmal – leider ebenfalls mit kleinem historischem Makel: Das Schwert zeigt nach Frankreich – hat nicht nur Schattenseiten, denn »der Blick, den man vom Denkmal aus genießen kann, ist unschlagbar«, während die Externsteine – trotz des Makels, welche Gestalten sich dort trafen und treffen – »umwerfend« sind. In Bielefeld »lieben alle die Arminia« und pflegen souveränen Umgang mit dem Makel, »sie ignorieren die Rechtsradikalen unter den Fans tapfer«.

So wird alles Negative marginal oder – mehr noch – gehört der überwundenen Vergangenheit an, ist ein »Damals«, »Früher«. Früher einmal lag die »Lebenserwartung einer Arbeiterin in den Spinnereien bei um die vierzig Jahre«, früher »wurde auf Streikende geschossen«, damals wurden im KZ Niederhagen »mindestens 1.300 Menschen umgebracht«, damals wurden »unter dem Beifall eines Großteils der Bielefelder Bevölkerung« die Juden deportiert, und von den »Zwangssterilisationen an ›blöden‹ Knechten und Mägden wussten alle im Dorf«, wie sie auch alle aufmarschierten, als Horst Wessel, dem »großen Sohn der Stadt, ein eigenes Denkmal errichtet« wurde. Es werde all dessen nicht angemessen gedacht, klagt der sentimental-kritisch-heitere Heimatforscher und räumt ein: »Sogenannte Ausländer haben es nicht leicht außerhalb der Ballungsgebiete«; dafür haben sie's immerhin schon mal leicht, wo sich's ballt.

Was hier aufscheint, als Erkenntnis des Grauens und seiner Kontinuitäten, ist stets nur das Vorspiel oder der Anlass, die Kurve zu kriegen zu liebevollen, einfühlsamen Porträts des gewiss kauzigen, sonderbaren, mit allerlei Marotten und Eigentümlichkeiten behafteten Menschenschlags.

Kulinarischen Feinsinn verschmähen sie, große Portionen ziehen sie vor, und noch größer sind die Mengen Bier, die sie runtergurgeln (weshalb sie das »Sixpack« als zu kleine Einheit ablehnen – Genaueres unter »Humor«); sie sind »schweigsam«, mindestens »wortkarg« – was auf die »einstige Kargheit großer Teile des Bodens« zurückzuführen ist. Sie sind, »wenn sie lieben, treue Seelen«, aber es kann dauern, bis das Eis gebrochen ist, denn sie sind »bodenständig«, und die ersten zehn Jahre wartet ein Fremder vergeblich darauf, gegrüßt zu werden, aber danach kann die Nachbarschaft durchaus herzlich werden.

Die raue Gutmütigkeit, auch die Bereitschaft, sich »gern einer starken Hand« zu fügen, hat allerdings Grenzen: »Greift man die Identität an, die eine Gemeinde oder eine Stadt vermitteln, werden die Menschen renitent.« Aber das wirklich nur, wenn's um die Identität geht; viel lieber lassen die Ostwestfalen als solche »die Weltpolitik Weltpolitik sein und suchen ganz egoistisch ihren eigenen Vorteil«. Kurzum, von den großen, wirkmächtigen Ideologien ist diese Ethnie recht unbeleckt, ihr Ehrgeiz ist »ein persönlicher, er kanalisiert sich nicht in übertriebenem Heimat- oder Nationalstolz«.

Damit sind wir endlich bei der Bilanz angekommen, auf die Sundermeier die vielen launigen Episoden abstellt: »Insofern werden die Menschen wohl auch friedliebend bleiben. Wie die meisten ihrer Vorfahren.« Und so wird einmal mehr der Nationalsozialismus eine dem »eigentlichen« Wesen der Menschen fremde Episode. Ab sofort wird alles sowieso noch viel harmloser und besser: »Das Internet« – dieses nazifreie Organ der Aufklärung! – »hat die Welt in jedes Haus gebracht, niemand muss mehr Dorfdepp bleiben.«

Nun halten sie Schritt mit allem, was die Moderne so mit sich bringt: »Sie sind gesprächiger geworden, weniger ruppig, aufgeschlossener, wohlhabender, vielleicht auch zufriedener«, deshalb – und gilt das nicht für alle deutschen Stämme? – werden »die Ostwestfalen und Lipper einfach nur moderne Europäer mit regionalen Eigenheiten. Nicht alle diese Eigenheiten sind liebenswürdig, aber die meisten sind es.« Amen.

Die affirmative, »alternative« Heimatliteratur muss alles beschweigen, was das harmonische Gemälde stört. Kein Resultat der Bielefelder (!) Forschungen zur »Verrohung der Mittelschicht« (Heitmeyer) darf einfließen. Kein Obdachloser, keine armselige Prostitution und kein »normaler« Freier dürfen porträtiert werden, kein Knast, keine Psychiatrie, kein Bedürfnis der Gesellschaft, zu strafen und wegzuschließen, keine Frau, der Gewalt angetan wird, kein geprügeltes Kind, keines, das Angst hat vor (kirchlichen) Autoritäten oder dem nächsten Zeugnis, keine berufliche Überforderung, der man nur mit »Mittelchen« Herr zu werden scheint, keine trostlose Verwahranstalt für arme Alte, kein verfemter Außenseiter, keine Depressiven... Das ist das *Prinzip* aller Heimatkunde, der althergebrachten und der »alternativen«: bräsige Affirmation.

Ihre Behauptung, der gesellschaftliche Konformitätsdruck und der Hass der Normierten auf Verweigerung, Abweichung und Querulanz sei etwas Vergangenes, weitgehend Überwundenes, gehört zu den Lügen der »modernen« Gesellschaft über sich selbst. Wenn die Leipziger Forscher um Oliver Decker »*Flucht ins Autoritäre*« den Meinungsbefragten die Position vorlegen: »Unruhestifter sollten deutlich zu spüren bekommen, dass sie in der Gesellschaft unerwünscht sind« – dann stimmen 85,6 Prozent zu. Erkundet Heitmeyer die Zustimmung zu: »Um Recht und Ordnung zu bewahren, sollte man härter gegen Außenseiter und Unruhestifter vorgehen«, schließen sich 80,1 Prozent an. Eine uneingeschränkte Absage an solche Sehnsüchte nach Ausmerzung erteilen 3,6 Prozent.

Heimat zutiefst menschlich: der Fall Eisenberg

Götz Eisenberg ist ein Autor, den zu lesen ich empfehle. Der langjährige Gefängnispsychologe, als junger Mann »Sponti«, stützt seine Reflexionen auf Herbert Marcuse, Peter Brückner, Theodor W. Adorno und Max Horkheimer, Walter Benjamin, Primo Levi, Ernst Bloch, Alexander Kluge etc. Da diese einander partiell widersprechen, ergeht es Eisenberg mit sich selbst ebenso. Verkürzt und etwas zu bösartig könnte man ihn als sozialdemokratischen Anhänger der Kritischen Theorie karikieren, mit einem Faible für Robert Kurz und Hoffnungen auf Sahra Wagenknecht.

Er wagt sich auf schwierige Terrains wie die distanzierte Analyse zum Beispiel von Amokläufern und Piloten, die bei ihrem Suizid viele Menschen mit in den Tod rissen. Seine Arbeit steht maßgeblich auf einer »bitteren Wahrheit«: »Unter einem dünnen Firnis angepassten Verhaltens existiert ein bedrohliches, faschistoides, antidemokratisches Potenzial, das den Wandel der politischen Systeme überdauert hat. ... Das Nazi-Regime ging unter, aber das deutsche Volk und seine Mentalität blieben« (*Zwischen Arbeitswut und Überfremdungsangst*).

Dagegen schreibt er konfrontativ, negatorisch und ohne das schleimige Verständnis der »Sorgen-Ernst-Nehmer«, das in seinem publizistischen Umfeld (»Freitag«, »Nachdenkseiten«, »Junge Welt«) allgegenwärtig ist: »Diejenigen, die auf die ›Ängste der Bürger‹ eingehen wollen, verhalten sich wie ein Psychotherapeut, der sich anschickt, eine Spinnenphobie durch Ausrottung der Spinnen zu behandeln.« Und dann geht's um Heimat – und mir droht jedes freundliche Wort über ihn im Halse steckenzubleiben. *Diese* Ideologie muss verführerisch sein.

Eisenbergs Ausgangspunkt ist ein Dogma; oder genauer gesagt, eine »Zwangskollektivierung« von Leuten wie mir: »Wer sich nach Heimat und bergender Gemeinschaft sehnt – und diese Sehnsucht ist im Sinne Ernst Blochs eine zutiefst menschliche, uns *allen* innewohnende ...« Allen! Ein letztes Mal: Ich teile keine Sehnsüchte mit Nazis und gefährlichen Normalen – und lasse mir das nicht als menschlichen Defekt einreden. Weiter. Befördern will Eisenberg die Einsicht – ein bisschen in der Tradition der rassistenberatenden Parole »Ausländer sind die falsche Adresse – haut den Politikern auf die Fresse«, nach der »die Flüchtlinge ... der vollkommen falsche Adressat des Protestes« seien, weil »nicht die Fremden uns bedrohen, sondern *das Fremde*«. Das Fremde also, das *uns* (!) bedrohende Fremde, will mit Namen und Adresse dingfest gemacht werden. Ich zitiere etwas ausführlicher: »Wenn schon ›Heimatschutz‹« – das Wort ist ihm unheimlich, er setzt es deshalb in Anführungszeichen –, »dann vor den wahren Zerstörern der Heimat: den Waffenhändlern, den Lebensmittelspekulanten, den Hedgefonds-Managern, ... dem Geld, das vollkommen unpatriotisch ist ... Es sind die großen Fast-Food-Ketten, die den Geschmackssinn zerstören, die regionalen Kochkünste ruinieren und die Leute in verfettete Idioten verwandeln.« ... »Es bildet sich unter unseren Augen so etwas wie eine Welteinheitskultur heraus. Alle ... hören dieselbe Musik, essen denselben Fraß (Scheißfraß hat der französische Bauernrebell José Bové die Angebote der Fast-Food-Ketten genannt), alle tragen dieselben Klamotten ...«

Was passiert hier? Zunächst offensichtlich zweierlei: Im Furor des Autors verschwinden die Klassen und realen Lebenslagen. Weder fressen alle denselben Fraß (die einen hungern, die anderen werden satt, und wieder welche haben Zugang zu kulinarischen Köstlichkeiten), noch tragen alle dieselben Klamotten, sondern edle, maßgefertigte Unikate die einen, notdürftige Lumpen die andern. Dann hat sich Eisenberg – ich vermute, mit Bedacht – Berufsgruppen ausgesucht, die in der Skala des Ansehens ohnehin weit unten rangieren. Als Repräsentanten des heimatfeindlichen Fremden firmieren der Waffenhändler (der anrüchig ist, jedenfalls außerhalb von zum Beispiel Oberndorf am Neckar, wo Heckler & Koch seinen Sitz hat – und wo schon seit 1811 Waffen produziert werden, wo Arbeiter nicht ohne Stolz auf ihre Vor- und Vorvorfahren blicken, die seit den Tagen der Württembergischen Gewehrfabrik und beim berühmten Mauser Wertarbeit ablieferten, weshalb dem örtlichen Heimatmuseum auch ein Waffenmuseum angegliedert ist), der Lebensmittelspekulant, der nicht nur auf Währungsschwankungen wettet, was schlimm genug wäre, und der Hedgefonds-Manager, der dem Shareholder-Value verpflichtet ist und des Rheinischen Kapitalismus Feind.

Wenn das zum besonders Bösen Stilisierte, »das Fremde« (auch das »unpatriotische Geld«) nicht der Heimat zugehört, wird alles schief, was zu einer vernünftigen Agitation taugte, sogar die Kritik am Waffenexport. Das Vergiftete an Eisenbergs Argument erschließt sich am deutlichsten an dem, was er weglassen muss. Die »weltumspannenden Medienkonzerne« zum Beispiel, ein Konzentrationsprozess des Kapitals also, schüfen eine Welteinheitskultur, die – betrachten wir die Top 10 der größten Medienkonzerne – eine »Amerikanisierung« sei. Ich glaube das nicht; was boomt, ist der Ethnonationalismus, aber dazu später.

Was war denn davor, in Deutschland, als es noch diese große Zahl an Zeitungen im Privatbesitz gab, die sprichwörtlichen Käseblätter? Blühte da die Meinungsvielfalt, der gewagteste Pluralismus? Nicht die Bohne. Das Wort von der Kanzel hatte größeres Gewicht als heute. Waren Moralkodex und Kleiderordnung nicht manifester, bedrückender, Lebensstile erzwungener – nur eben auf kleinerem Raum – als in der vermeintlichen Welteinheitskultur? War die Möglichkeit, nicht »dieselbe Musik« zu hören, nicht noch geringer? Waren die großen Bauern, die kleinstädtischen Honoratioren, die Respektspersonen vom Lehrer bis zum Wachtmeister, das regionale Unternehmertum nicht von erlesener Niedertracht und erdrückender Strenge?

Dies festzustellen, muss keinen kritischen Gedanken über die Kulturindustrie in Zweifel ziehen, muss keinen »Fortschritt« als unhintergehbare historische Tendenz wiederbeleben. Es ist nur der Erkenntnis verpflichtet, dass nicht eine gute alte oder nicht ganz so alte keynesianische Zeit betrauert gehört, sondern das Falsche vom Falschen abgelöst wird: »Im Bannkreis des Systems ist das Neue, der Fortschritt, Altem *gleich* immer neues Unheil«, schreibt Adorno in seinen »Reflexionen zur Klassentheorie«, weshalb es gelte, »den Marsch der welthistorischen Bataillone als Treten auf der Stelle zu erraten«; denn »nur wer das Neueste als Gleiches erkennt, dient dem, was verschieden wäre«.

Wem das zu geschichtsphilosophisch-allgemein ist, dem sei eine Frage gestellt, die auch mit empirisch-positivistischem Instrumentarium beantwortbar ist: Waren es nicht christ- und sozialdemokratische Kommunal- und Landespolitiker, die zusammen mit Neuer Heimat und autochthonen Bauunternehmern in der Zeit vor der »Globalisierung« und ihren Dunkelmännern mit der ganz großen Abrissbirne sogenannte historische Gebäude, Altstadtkerne abgeräumt und durch in Beton gegossene Hässlichkeit ersetzt hatten? Aus touristischen Gründen ist heute mancher Bürgermeister froh, wenn sein Kaff – warum auch immer – verschont blieb. Andere spielen gern Vergangenheit. Als Monument antimodernen Ressentiments hat sich Frankfurt eine »neue Altstadt« hingeschustert, eine »heile Welt«, die dann doch eher an ein Disneyland erinnert. Ich halte es mit Frederik R. Heinz, der, die »Langeweile in der gegenwärtigen Architektur« beklagend, in der »Jungle World« nach einer »architektonischen Avantgarde« ruft, »die solchem Heimatkitsch wirklich fortschrittliche Entwürfe entgegensetzt, am besten solche, die den eklatanten Wohnraummangel in Großstädten lindern helfen«.

Aber da bleibt doch noch was, der Schwer- und Höhepunkt von Eisenbergs Leidenschaften. Die Fast-Food-Ketten, die Zerstörer von Geschmackssinn und regionalen Kochkünsten, die Produzenten fettleibiger Idioten. Dass er Fettleibigkeit und Idiotie in einem Atemzug nennt, wäre eine eigene Betrachtung wert; ich belasse es hier bei der Bemerkung, dass einige meiner besten Freunde übergewichtig sind, dazu klug und den Fitnessidealen der Gesellschaft ziemlich feindlich gesinnt. Nicht einmal, dass in einem gesunden Körper ein gesunder Geist stecke, glauben die.

Warum muss, wenn von Übergewicht die Rede ist, die US-amerikanisch kulturlose Fast-Food-Kette aufgerufen werden? Statt das dem Bierbauch seinen Namen gebende Getränk? Wo bleiben Kartoffelsalat, Haxe, Eisbein, Schwarzwälder Torte? Wird im Festzelt nur Rohkost serviert? Die »regionale Küche« ist zuallererst Mode, Marketing, Standortpolitik, die von Politikergattinnen mit Kochbüchern angefeuert werden muss. Suggeriert wird, was aus der Region komme, sei irgendwie hochwertig. Gammelfleisch ist der Heimat fremd.

Ich bin kein Gourmet. Der Anteil, den kulinarische Genüsse an meinem Lebensglück haben, ist nicht sehr hoch. Freunde halten's anders, und jenen, bei denen es nicht Angabe ist, sondern hedonistisches Bedürfnis, gönne ich den Genuss. Manchmal partizipiere ich auch. Dass nicht schmeckt, sondern nur sättigt, was man bei Penny kaufen kann, weiß auch ich.

Als Transporte Wochen dauerten und die Kühlkette noch nicht erfunden war, blieb jede Küche auf Produkte der Region angewiesen. Wohlhabende Schichten wandten Zeit auf deren Verfeinerung, für alle andern ging es um nichts als Zufuhr von Kalorien und Mineralstoffen. Wer Glück hatte, lebte in einer Klimazone, die Wein oder Spargel gedeihen ließ, der Rest hatte Kohl zu verdauen.

Mit gleicher Nüchternheit könnte man über das einzige Äquivalent, den einzig legitimen Vergleichsmaßstab zur »Fast-Food-Kette« sprechen: den deutschen *Schnellimbiss*. Gegen die deutsche Bratwurst und den Leberkäse kann der Big Mac nicht unterliegen (und in der Tat lese ich da und dort, dass ein weiterer »Sternekoch« einen »Gourmet-Hamburger« anbietet). Weiter will ich nicht gehen, also nicht so weit wie Wolfgang Pohrt, der »jede weitere Filiale der McDonald's-Hamburger-Kette eine neue Insel der Gastfreundschaft und eine erfreuliche Bereicherung der Esskultur« genannt hat. Zwar ist nur die Übertreibung wahr, aber andererseits auch nicht alles wahr, was übertreibt. Egal. Keiner muss bei der Fast-Food-Kette essen gehen. Wer sie als Inbegriff des teuflischen Sieges des Fremden über die Heimat sieht, hat entweder zu wenig andere Sorgen – oder einen patriotischen Dachschaden.

Heimat statt Kosmos: der Fall Guillaume Paoli

P aoli, Theoretiker der »Glücklichen Arbeitslosen« und »Demotivations-
trainer«, der sich in die Tradition von Marxens Schwiegersohn Paul
Lafargue (»Das Recht auf Faulheit«) stellt, geht der Frage nach, ob in den
vergangenen 50 Jahren eine Metamorphose beziehungsweise Mutation sich
ereignet habe; ob der heutige Mensch sich von seinem Vorgänger unterschei-
de wie etwa der Hund vom Wolf. Er trägt für diese These viel Material zusammen, nimmt sie aber zum Schluss in ihrer (biologistischen) Drastik zurück.
Jedenfalls geht er von einem völlig neuen, hegemonialen Typus der Ober-
schicht aus (er nennt das auch Elite oder Establishment), demgegenüber der
alte auf der Verliererstraße, weil hoffnungslos anachronistisch sei: »Die Fi-
gur des klerikal-reaktionären Kleinbürgers ist unter allgemeinem Gelächter
abgetreten. An dessen Stelle tritt der neue Mittelstand, modernistisch, hedo-
nistisch, scheintolerant und liberal.« Der »hässliche Bourgeois« sei »längst
ausgestorben«, nur noch in der Einbildung sei »die patriarchalische Bestie
gefährlich«. Längst sind »alle Figuren möglich. Der gepiercte Manager. Die
SM-Investorin. Der transsexuelle Notar. Der Pop-Oberstaatsanwalt. Die *antirassistische* Sicherheitsexpertin. Der anarchistische Bankier. Die vegane
Rüstungsexporteurin.«

Wer gegen Diskriminierung sich engagiere, so die Botschaft, betreibe
Spiegelfechterei, denn er habe seine früheren Antipoden längst verloren.
Um das so zu sehen, darf man freilich nicht an den Konformitätsdruck in
weiten Teilen des Erwerbselends, die Benachteiligung von Frauen in der angeblich so modernen, von Ressentiments befreiten Welt (über die gerade einiges bezüglich der schlechten alten »Besetzungcouch« herausgekommen
ist) oder über den Rollback zugunsten traditioneller Familienbilder denken.

Worum es Paoli geht, ist, die gegen Diskriminierung sich engagieren-
de Schicht, die er in bestimmter Absicht »Kosmopoliten« nennt, als sozusagen gefährlichstes Übel, als Träger und Antreiber des neoliberalen Wandels,
als gefährliches Gegenbild zum treu ortsansässigen Unternehmer (wie er in
Person von Herrn Grupp – »Trigema produziert nur in Deutschland« – Verkörperung findet) und Zerstörer städtischer Lebensqualität der Ureinwohner zu denunzieren. Ich zitiere etwas ausführlicher und kommentiere knapp:

Dieser »kulturellen *global class*« dienten die Großstädte nur noch als Hotels, sie anzulocken sei dominanter Zweck aller Stadtplanung; die alten Einwohner seien ihr Dienstpersonal, nur da, »um internationale Gäste zu empfangen«. (Da müssen die alteingesessenen Reichen aus Hamburg-Othmarschen oder Blankenese, ihr Dienstpersonal besichtigend, bestimmt lachen.) Diese Menschen blieben nur »ein paar Monate oder Jahre … wegen eines Investitionsvorhabens, eines Forschungsprojekts, eines Joint Ventures oder einer Startup-Gründung«, aber »es können auch Dreharbeiten sein, ein Vorlesungssemester oder das Kuratieren einer Kunstbiennale«. Jedenfalls bleiben sie unter sich, pflegen die »immer gleichen Locations, Hotellobbys, Konferenzräume und Galerien zu besuchen«, frönen immer derselben »globalen Kultur«, verachten die Ureinwohner und überhaupt alle, »die sich mit ihrer geografischen, kulturellen und sozialen Herkunft verbunden fühlen«, die »an ihren Gepflogenheiten festhalten«. Kurzum: »Mobilität« bedeutet »im modernen Sinne« nichts anderes als das Recht, »einen Ort zu zerstören«. Die »Mobilen« werden sich nie »gegen die Gentrifizierung ihres Stadtteils einsetzen«, weil »dieses eine bloße Station im eigenen nomadischen Lebenslauf« ist.

Das ist nicht wenig, was da den Fremden angelastet wird. Man könnte weitere Hässlichkeiten eines Teils des Milieus zusammentragen – für einige Monate war das apologetische Buch *Wir nennen es Arbeit* von Holm Friebe und Sascha Lobo über »die digitale Boheme« das meistverkaufte in meinem Buchladen im Schanzenviertel; das bedeutet nichts Gutes. Man könnte auch – nur ein Beispiel – darauf verweisen, dass viel mehr Mitglieder dieses Milieus Wohlstand erwarten als besitzen und wie sehr ihre Arbeit an Selbstoptimierung, Kreativität und Alleinstellungsmerkmalen unbelohnt bleibt.

Man könnte auch sagen, dass die gehobene Gastronomie, verglichen mit der Eckkneipe, interessanter, vielfältiger, manchmal sogar geschmackvoll eingerichtet ist. Die Gentrifizierung ist ein sozialer Skandal, die Mittel der Vertreibung ärmerer Schichten aus ihren Quartieren durch unerschwingliche Mieten und Zwangsräumungen ist ein ökonomischer und staatspolitischer Gewaltakt. Dagegen sich zu wehren, muss man nicht das Hohelied einer Welt mit »Eckkneipen und Berliner Schnauze« singen. Wo die dämonischen Fremden mit ihrem »nomadischen Leben« sich nicht ansiedeln (wollen) – in den Betonburgen am Stadtrand oder unentdeckten Vierteln – ist es so unerträglich wie in der Trostlosigkeit der Eigenheimsiedlungen, der Verkörperung des Einzugs der Provinz in die Stadt. Wahrscheinlich fließt ein minoritärer, aber nicht unbedeutender Nebenfluss aus der Welt des »nomadischen Lebens« sogar in die Volksbühne, für deren Erhalt im Stile Frank Castorffs sich der Autor so verdienstvoll stark gemacht hat.

Paoli will auf zwei fette Pointen hinaus. Erstens ist er gegen »offene Grenzen«. Das verpackt er in eine Geschichte, die die Anhänger dieses Postulats zu Vollidioten degradiert: »Einmal musste ich No-Border-Aktivisten, die sich für absolute Freizügigkeit engagieren, freundlich darauf hinweisen, dass die allermeisten Migranten gar keine Lust hätten zu migrieren«, sondern eine Notlage sie dazu trieb. Da werden die aber erstaunt gewesen sein, so etwas hatten sie noch nie gehört. Es mag belesene und weniger belesene Aktivisten geben. Leute, die die nationalstaatliche Verfasstheit der Welt und damit ihre Konkurrenzhaftigkeit auf dem Weltmarkt mit oder ohne Theorie des Staates zu kritisieren trachten. Noch der schlichteste Flyer weiß, dass die hochindustrialisierten Staaten von auf sie zugeschnittenem und von ihnen organisiertem imperialistischen Raub und der Auslagerung besonders umweltzerstörender Industrieprozesse in die Peripherie profitieren. Alle kennen dieses Abc, das in jüngerer Zeit in Büchern wie *Neben uns die Sintflut* (Stephan Lessenich) oder *Imperiale Lebensweise* (Ulrich Brandt und Markus Wissen) durchbuchstabiert wurde. Jeder weiß (wie genau auch immer), dass Kriege, die Menschen zur Flucht *zwangen*, was immer ihre inneren Ursachen gewesen sein mögen, *auch* in den Kommandozentralen des »Westens« beschlossen wurden. Und dann gibt es noch, viel geringer an Zahl als die zur Flucht Gezwungenen, Menschen, die ohne unausweichliche Notwendigkeit die Region ihres Wohngebiets verlassen. Es ist einfach niederträchtig, mit Beispielen aus dem Repertoire der Hilfe und Selbsthilfe vor Ort, die doch ein viel besseres Leben ermögliche als das Schuften auf spanischen Tomatenplantagen, gegen die offenen Grenzen zu schießen.

Das Votum für »offene Grenzen« ist demonstrativ »verantwortungslos« (weil es nicht nachrechnen mag, wie viele dann wohl kämen), und radikalhumanistisch. Paoli behauptet das Gegenteil: »Wie wir gesehen haben, ist *No Border* die Quintessenz der postmodernen Ideologie, der Sirenengesang der Mutation.« Das ist so ausgedacht, so zweckvoll konstruiert, so fern jeder empirischen Fundierung .... Sollte ich – demonstrativ negativ und pauschal – das postmoderne Milieu, die Zivilgesellschaft, den Liberalismus kennzeichnen, würde ich von der sozialen Ignoranz, von der Gleichgültigkeit ausgehen, wie es anderen geht, solange es einem selbst gutgeht. Diese Spielart des sogenannten Kosmopolitismus gibt es. Aber wenn's eng wird, bleiben die Herren Pilz, Kretschmann oder Lindner (FDP), die Heroen dieser Art Kosmopoliten, doch im Konsens der Demokraten, dessen erstes Gebot die Verteidigung der Stellung auf dem Weltmarkt ist, und zu der trägt bei, keine zur Akkumulation von Kapital »unnützen« Menschen ins Land zu lassen, die man alimentieren muss.

Ausländer raus: die Fälle Hofbauer und Stegemann

Die »*No-Border*-Feinde«, die Kämpfer gegen »Kein Mensch ist illegal« gehen über bloßes Verständnis für rassistisch verirrte Proletarier weit hinaus. Sie selbst liefern die Anleitung zur Brutalisierung und Enthumanisierung. Beispielhaft wähle ich Hannes Hofbauer (»*Kritik der Migration*«) und den im Klappentext als »Stratege der linken Sammlungsbewegung Aufstehen« bezeichneten Bernd Stegemann (»*Die Moralfalle*«).

Gemeinsamer Ausgangspunkt, darin Paoli ähnlich, ist die Behauptung: »Wenn ungehinderte Migration und offene Grenzen als fortschrittliches Gesellschaftsbild verkauft werden, deckt sich diese pseudo-fortschrittliche Sicht mit den Interessen global agierender Konzerne. ›No border‹ bedeutet ungehemmte Kapitalherrschaft ..., bietet ... menschenrechtlich argumentierten Flankenschutz für globale Ausbeutungsstrukturen.« Deshalb müssten sich »die vielen HelferInnen fragen lassen«, ob ihr Engagement nicht den »Schlussstrich im großen Mosaik der globalistischen Interventionen darstellt« (Hofbauer).

So wird Angela Merkel – stilisiert zur Schutzpatronin der »Willkommenskultur« und verschweigend, was seit 2015 ins Werk gesetzt wurde, damit sich der auch damals ungewollte Zusammenbruch staatlicher Ordnungsmacht nie wiederhole – zur Feindin, wie ihre Antipoden zu Guten werden. Als sie ihren »törichten Lockruf« in die Welt posaunte, »sah Ungarn sich plötzlich mit einer schier unlösbaren Aufgabe konfrontiert«, was »freilich in der herrschenden Orbán-feindlichen Stimmung von den Medien tunlichst verschwiegen« werde (Hofbauer). Als sei rechte Massenbewegung und extrem rechte Herrschaft in Ungarn, Polen etc. ein Phänomen erst seit 2015, ergänzt Stegemann: »Durch eine neue Form der Bevormundung in der Frage der Flüchtlingsverteilung« hätten deshalb die »Menschen nun rechtspopulistische Parteien gewählt.«

Jedenfalls – wir kehren zurück nach Deutschland – habe zu gelten, dass »der Widerspruch gegen die Aufnahme einer großen Zahl von Flüchtlingen, der sich in Meinungsumfragen widerspiegelt, kein bloßer Ausdruck von Vorurteilen ist, sondern einer echten Angst vor kultureller Entwurzelung wie auch eher handfesten Sorgen um Arbeitsplätze oder soziale Dienstleistungen entspringt ... Auch diesen muss eine Lauterkeit ihrer Motive unterstellt werden« (Stegemann).

Dasselbe in anderen Worten: »Die Frage stellt sich: Wie viele Fremde, wie viele nicht bis schlecht mit Gebräuchen und Örtlichkeiten Vertraute kann eine Gesellschaft kulturell verkraften?« Zumal die nicht nur mit den Örtlichkeiten unvertraut sind, sondern auch noch teuer: »Die direkten Kosten, die einzelne EU-Staaten zu tragen haben, können als in Zahlen gegossene Unzufriedenheit vieler Bürger gelesen werden« (Hofbauer).

So erscheinen die Geflüchteten als die Zerstörer des »Wohlfahrtsstaats«, als Lohndrücker und Verursacher des Wohnraummangels. Sie abzuwehren bedarf es der zur Tugend stilisierten Abgebrühtheit, der Verklärung der Empathieunfähigkeit zu jenem Realismus, der aller instrumentellen Vernunft innewohnt. Selbst das »grausame Einzelschicksal« dürfe nicht zu Irritation führen. »Bei jedem moralisch empfindsamen Menschen werden solche Geschichten Bestürzung auslösen. Aber man kann keine kohärente Einwanderungspolitik und kein kohärentes Einwanderungssystem auf so einer Grundlage aufbauen ... Nur der kühle Blick, der auch aushält, dass die Anwendung der Regeln Härte produziert«, sei den Anforderungen gewachsen (Stegemann).

Was doch in diesen wenigen Sätzen – die übrigens ganz eng angelehnt sind an die Reden des »neoliberalen« FDP-Chefs Lindner – alles steckt! Die Sakralisierung von »Staatsräson«, die Apologie von Gesetzen, weil es sie nun einmal gibt; die gängigste Ausrede aller Abschieber in den Ausländerbehörden, die stets nur ihre Pflicht tun. Das Lob der Härte, das selbst Gnade, dieses Relikt des Feudalismus, verachtet. So wird der einzelne Ertrinkende zum Kollateralschaden des Notwendigen, schließlich fallen Späne, wo gehobelt wird.

Die Denunziation von Solidarität und – ja auch – Mitleid ist das Gegenteil einer linken Kritik an Moral und Moralisieren, an den berühmten »schönen Seelen«. Diese hätte (analysierte man etwa die Reden, die auf der »Unteilbar«-Demo gehalten wurden) die Inkonsequenz der Moralisierenden, die Ersetzung der Feindschaft zu staatlichen Verbrechen durch Appelle an Staatspolitiker, die Kompensation fehlender praktischer Solidarität durch selbstentlarvende Betroffenheitsbekundung zum Gegenstand.

Stegemann – der übrigens wie nebenbei den Geflüchteten nicht die Alimentation zukommen lassen will, die für die Ausgespuckten mit deutschem Pass gewährt wird – sieht sich von (hegemonialen, wohlhabenden, postmodernen) Sprachpolizisten der »Political Correctness« umzingelt. Er leidet – wie alle Anhänger des »Das wird man ja wohl noch sagen dürfen«, was man früher »die Sau rauslassen« nannte. Er fragt sich, »ob das Recht auf Asyl höher steht als der Schutz des Wohlfahrtsstaates und wie mit Missbrauch des Asyls verfahren werden soll«, denn ihn schmerzt das angebliche Verbot, »das Framing vom ›Asylbetrüger‹ öffentlich zu verwenden. Die Frage, ob es überhaupt Menschen gibt, die einen solchen Betrug versuchen, und was das bedeutet, wird damit verhindert.«

Über kaum etwas – bei sehr schwachen Gegenstimmen – wird in Deutschland so hemmungslos hergezogen wie über den »Asylbetrug«. Rund zwei Drittel meinen, dass »die meisten Asylbewerber nicht wirklich befürchten, in ihrem Heimatland verfolgt zu werden« – und noch überwältigender, um die 80 Prozent, ist die Mehrheit, die zustimmt, wenn es heißt, »bei der Prüfung von Asylanträgen sollte der Staat nicht großzügig sein« (»*Flucht ins Autoritäre*«). Als allergrößte, unhinterfragbare Selbstverständlichkeit gilt, dass der irreguläre Aufenthalt in Deutschland eine *Straftat* ist. (Mit allen idiotischen Auswirkungen auf die »Kriminalitätsstatistik«.)

Da auf »Asylbetrug« die Abschiebung steht – die Stegemann will – und Betrug und Betrüger negativ konnotiert sind in einer Gesellschaft, der Ehrlichkeit und Gesetzestreue als Tugenden gelten (wenn es nicht um die eigenen Angelegenheiten geht), ist die Scheu, den Begriff »Asylbetrug« zu verwenden, so richtig wie verständlich. Es ist der – etwas hilflose – Versuch, nicht Bestandteil der Demagogie zu sein. Lebte ich in einer anderen Gesellschaft, der mancher Betrug und manche Ungesetzlichkeit gefiele, stünden die Dinge anders.

Ich würde ja in der Sache gerne sofort einräumen, dass es Menschen, die falsche Angaben machen – etwa über ihre Herkunft, weil es ungünstig ist, aus einem »sicheren Herkunftsland« zu kommen –, durchaus gibt. Es ist doch verständlich – und sogar etwas lustig –, wenn Menschen sich von christlichen Sekten taufen lassen, um nicht nach Afghanistan abgeschoben zu werden. Und wer die Ehe nicht für heilig hält, muss auch nicht jede Scheinehe verteufeln.

Mit ähnlicher Freimütigkeit, um einen wie immer hinkenden Vergleich zu bemühen, spräche ich darüber, dass die Klientel der Sozialämter nicht immer wahrheitsliebend sein kann, dass die Versicherung, wild noch auf den demütigendsten Job zu sein, nicht immer zutreffend ist und mancher sich mit »betrügerischer« Schwarzarbeit die Armutsfalle mildert. Dies alles wäre möglich(er), bezeichnete man diesen – minoritären – Menschenschlag als Lebenskünstler, nicht als Sozialschmarotzer. Analoges gälte für Menschen, die nach den herrschenden Kriterien nicht erkrankt sind, aber sich eine Arbeitsunfähigkeit attestieren lassen. Gäbe es nicht dieses schreckliche deutsche Arbeitsethos, hätte man sogar vor ein paar Jahren einräumen können, dass es einen (minoritären) Teil der griechischen Gesellschaft geben mag, dem Müßiggang Genuss und nicht aller Laster Anfang ist. Und dass das Bewunderung und Nachahmung verdiente. Die hier angedeutete Freimütigkeit ist verbaut, solange der »faule Grieche« zur Ursache der griechischen Krise und zur Legitimation deutscher Diktate dämonisiert wird.

Sprachkritik hat ihren guten Sinn, wenn sie den Zusammenhang von verbaler und praktischer Diskriminierung beziehungsweise Entrechtung und Entmenschlichung thematisiert. Nehmen wir die berühmten wenigen Sätze von Elie Wiesel, die dann zur bekannten Parole verdichtet wurden: »Ihr sollt wissen, dass kein Mensch illegal ist. Das ist ein Widerspruch in sich. Menschen können schön sein oder noch schöner. Sie können gerecht sein oder ungerecht. Aber illegal? Wie kann ein Mensch illegal sein?«

Die praktische Konsequenz hieraus ist, die Unterstützung von Flüchtlingen und Migranten nicht an ihren Aufenthaltsstatus zu fesseln. Dass viele Menschen in Deutschland leben ohne Asylverfahren oder temporären Schutz als Kriegsflüchtling, ohne »in die Sozialsysteme eingewandert« zu sein, ist eine Tatsache. Genauso gut ist in Sachbuch und literarischer Form dokumentiert, wie unfassbar belastend es ist, ohne gültige Papiere und in ständiger Angst vor dem Auffliegen sich durchschlagen zu müssen.

Sich der Phrase anzuschließen, der »Staat müsse wissen, wer hier ist«, verbietet sich. Passfälscher – die ebenso wenig reich werden wollten wie Fluchthelfer – sind die stillsten Helden der Geschichte, die manchen aus der Existenz in »Illegalität« befreit haben. Und da soll man über Asylbetrug reden?

Zynisch ist die von der Realität abstrahierende Sprachkritik. Aus Behördenurkunden Niedersachsens – lese ich – sei das Wort »Illegale« entfernt und durch »papierlose Menschen« ersetzt. Dass dies ihre Drangsalierung und Abschiebung nicht behindert, bringt die »Sensibilität« von Rot-Grün auf den Punkt.

Unerörtert bleibt bei diesem kleinen Exkurs der Zusammenhang von Heimat, Kleinstaaterei, kleinräumig-autarker Wirtschaftsweise und völkischer Homogenität bei Hofbauer und Stegemann. (»Konzepte für eine ökonomische Subsidiarität, nach der Produktion und Handel so kleinräumig wie irgend möglich betrieben werden«, favorisiert Hofbauer, und sein politischer Freund Diether Dehm findet »unerträglich ... wenn Linke im Namen des Internationalismus gegen ›Heimat‹ anstinken. Haben denn nicht alle Menschen ihre Ansprüche auf von Freihandelsdenken verschonte Heimaten mit regionalen Kreisläufen ...«) Das wäre das Glück der Armut in bornierter Bescheidenheit eines abgelegenen Tals – furchtbar, angesichts der menschheitsgeschichtlichen Möglichkeiten.

Mit Verweis auf den Anhang dieses Buches erwähnenswert scheint noch, dass beider Autoren wichtiger Zeuge Slavoj Žižek ist, während Didier Eribon, der mit der törichten Formulierung, die Wahl des Front National (FN) sei eine proletarische »Notwehr«, mal hoch im Kurs stand, nunmehr verschissen hat, seit er den Zusammenhang von Wagenknechts Hetze und dem Mob von Chemnitz hellsichtig thematisierte.

Hannes Hofbauer, Chef des Promedia-Verlags, heute Autor von »Neues Deutschland«, »Junge Welt«, »AK« und Redaktionsmitglied bei »Lunapark 21«, schrieb bis 2014 für Elsässers »Compact« – ich nehme an, weil man den Faschismus nicht den Rechten überlassen darf.

Heimatsprache:
noch mal Paoli

Unterstellt, Paolis liberale, postmoderne, zivilgesellschaftliche Kosmopoliten hätten jüngst in Italien die »5 Sterne« gewählt: Was bedeutete dann die reibungslose Einigung mit der faschistischen Lega und ihrer rigiden, mörderischen Abschottung gegen Flüchtlinge? Dass sie beiden Milieus gefällt und der Rest, der ihnen widerspricht, ebenso tapfer ist wie marginalisiert. Der »moderne« Rassismus will nicht offene Grenzen, er will Einwanderungsgesetze.

Ein Schlüsselzitat Paolis ist deshalb Wahrheit und Lüge zugleich. Er schreibt von »Steckenpferden der heutigen Linken«, die nicht Kapitalismuskritik implizieren, sondern lediglich Modernisierung: »Gegen Patriarchat, spießige Moral, Ausgrenzung und Ausländerfeindlichkeit, für offene Grenzen und Kosmopolitismus.« Zur linken Gesellschaftskritik gehört selbstverständlich die Ablehnung der menschheitsgeschichtlichen Erpressung, um den Preis der Verelendung seine Arbeitskraft als Ware verkaufen zu müssen – und einiges damit Zusammenhängende mehr. Unterhalb der »Steckenpferde«, in Absehung von ihnen, wäre das eine unerfreuliche (um es milde auszudrücken) Angelegenheit. Im Regelfall – und im Wort »Steckenpferd« klingt das ja an – werden diese Kampffelder als störende Ablenkungen, als Spleens partikulärer Szenen bekämpft.

Die intensive Suche nach dem vermeintlich absurdesten Beispiel – hoch im Kurs steht die Frage, ob eine gendergerechte Toilette wirklich das dringendste Bedürfnis des von Abstiegsängsten geplagten deutschen Arbeitnehmers sei – ist uninteressiert am Pro und Kontra der jeweiligen Szenen. Sie dient nur dem Zweck, von einer Position mit ganz anderer Wirkungsmacht abzulenken: vom Keynesianismus, der ja nun wirklich nicht die Verhältnisse verwerfen will und dessen Hegemonie die Aussage erlaubt, dass es keine gesellschaftskritische Linke gibt, sondern nur versprengte Gegen-den-Strom-Zirkel.

Dass Christian Baron, Autor des schrecklichen Buchs *Proleten, Pöbel, Parasiten: Warum die Linken die Arbeiter verachten*, Paoli in »Neues Deutschland« über den grünen Klee lobt, hängt nicht unwesentlich mit Paolis zweiter großer Pointe zusammen, für die er zwei Künstler und Denker als seine Inspiratoren ausweist: Pier Paolo Pasolini und Carl Einstein. (Über Carl Einstein fehlt mir jedes Wissen.)

Pasolini habe die »ungebildeten, doch geistreichen Menschen«, deren »Grazie« er bewunderte, geschätzt, sich an der »Mannigfaltigkeit der Dialekte und Sprecharten« Italiens ergötzt, selbst auf »Friaulisch gedichtet« und »dort mit den Bauern gelebt«. Angewidert habe ihn der aufkommende »standardisierte Neusprech«. Er habe der Popkultur vorgeworfen, die (rebellischen) populären Kulturen zu verdrängen, deshalb vom »Völkermord ohne Erschießen« gesprochen, von der »Kolonisation des Alltags« durch einen »Konsumfaschismus«.

Dass Pasolini »ein Liebling der ›Jungen Freiheit‹ und der sonstigen Neuen Rechten geworden« ist, verschweigt Paoli keinesfalls, hält das aber für glatten Missbrauch: »Als Toter kann er nichts dafür«, mit »Ethnopluralismus« habe er so wenig etwas am Hut gehabt wie mit »regionalen Identitäten«. Das ist zu viel der Ehrenrettung. Für unseren Diskussionsgegenstand soll hier die Anmerkung genügen, dass die Inschutznahme der Fischer, Bauern und städtischen Sonderkulturen vor bürgerlicher Verunglimpfung und Dämonisierung etwas anderes ist als ihre Romantisierung – wenn nicht die Perspektive dessen eingenommen wird, der in den Verhältnissen mit ihren überlangen Arbeitstagen, Sittenkodexen, Bräuchen, religiösen Fesseln etc. steckt und ihnen entfliehen will, sondern die des Intellektuellen, der sich als Gast an Ursprünglichkeit, in sich ruhenden, von Verwerfungen der modernen Zivilisation ganz untangierten Menschen erfreut. Dann nämlich wird alles schief.

(Wir finden dieses Phänomen übrigens auch bei jüdischen Intellektuellen, die im Ersten Weltkrieg erstmals der sogenannten unverfälschten jüdischen Kultur des Schtetl begegneten und diese so idealisierten, dass aus ihren literarischen Arbeiten ganz unverständlich wurde, warum ein Teil der Jugend nichts sehnlicher wünschte, als Tradition und Drecksmöcher zu verlassen – wahlweise Richtung USA, Palästina oder wenigstens Berliner Scheunenviertel. Ich denke etwa an Arnold Zweig oder Sammy Gronemann.)

Paoli baut einen Schutzwall vor Pasolini, wenn er dessen Kritikern unterstellt: »Wer das Neue nicht aus vollem Herzen begrüßt, dem wird Nostalgie unterstellt, und daran haftet ein hartnäckiges Aroma ranzig-restaurativen Gebarens.« Das ist Immunisierung. Mit größter Selbstverständlichkeit haben Linke, denen ich mich zugehörig fühle, welthistorische Regressionen als solche beschrieben und die konkreten Verschlechterungen von Lebenslagen zum Gegenstand ihrer Kritik gemacht. Ich halte ja den gesamten Zerfall der Sowjetunion, Jugoslawiens, der Tschechoslowakei etc. – überall nach völkischen Prinzipien – für eine solche Regression (siehe ausführlicher in Rainer Trampert, Thomas Ebermann: *Die Offenbarung der Propheten*).

Zu Recht mühen sich Linke dieser (meiner) Couleur, reale Verschlechterungen, also etwa die materielle Gewalt zu reflektieren, die ständisch organisierten Schleifern angetan wurde, als man sie in die Fabrikarbeit zwang. Das führt durchaus zur Parteinahme für »Maschinenstürmer« (denen »Marxisten« nicht selten im Namen von »Fortschritt«, im Namen der konsumtiven Möglichkeiten zukünftiger Generationen etc. die Solidarität verweigert haben). Analoges gilt, wenn noch heute Subsistenzwirtschaft treibende Kleinbauern in die Slums der Großstädte getrieben werden.

Herbert Marcuses wohl wichtigste Schrift, *Der eindimensionale Mensch*, begrüßt »das Neue« wahrlich nicht »aus vollem Herzen«. Sie trachtet den Zusammenhang zu ermitteln zwischen einer enorm gesteigerten Produktivität, dem Wachsen konsumtiver Möglichkeiten, dem Phänomen, dass die Menschen die Waren nicht benutzen, sondern von ihnen benutzt werden, der Verrohung, die sich im »glücklichen Bewusstsein« verbirgt, und dem Verlust der Sprache als einem Mehr als nur Kommunikation des notwendigen Funktionierens (»Die Sprache gehört den Menschen nicht.«). Marcuse so kurz zu bündeln ist unstatthaft. Sein Thema war – und nur um diesen Aspekt geht es hier –, im Wissen um die eigene Machtlosigkeit dennoch auszuloten, wie gigantisch der Abstand zwischen dem falschen Bestehenden und dem möglichen Besseren ist, das den Menschen erlaubte (erleichterte), ganz *andere* Bedürfnisse zu entfalten, die Zustimmung zur lebenslangen harten Arbeit (die Unfreiheit ist) und Entschädigung durch Konsum zu überwinden. In diesem Entwurf wird weniger konsumiert, aber aus Gründen des Genusses, nicht des Verzichts.

Paoli setzt oft ein statisches Bild, nach dem, was ist, seine Unüberwindbarkeit dadurch beweist, dass es ist. Ein Beispiel: Nach ein paar Bemerkungen gegen die nationalen Identitäten folgt das Dementi, »die abstrakte Aufhebung des Begriffs« (das meint Kritik des Nationalen) sei »reines Wunschdenken. Ob man es will oder nicht, ein jeder ist durch Sprache, Geschichte, Kultur und Sitten national geprägt.«

Damit ist erst einmal Marx' Diktum, nach dem das Proletariat kein Vaterland habe, nicht mehr unterlegene Position, sondern von Beginn an irreales Wunschdenken, was auch für Rosa Luxemburg gilt, für alle vaterlandslosen Gesellen, für alle Revolutionäre, die sich weigerten, ihre Nationalität relevant zu finden, und sich als »Soldaten« der Weltrevolution bezeichneten. Dass solche »Ausländer« in bestimmten historischen Situationen – wie auch ganz »fremde« Gestalten wie Erich Mühsam oder Gustav Landauer – vom Proletariat mit führenden Positionen betraut wurden, halte ich für dessen »Sternstunden«. Jedenfalls sei, manifest wie eine anthropologische Konstante, jeder von *Sprache*, Geschichte, Kultur und Sitten geprägt – sagen die Nationalisten, die älteren beriefen sich auf Abstammung und Blut, die neueren nennen es Kultur und Sitte. Keine schöne Perspektive für jene, die zwar den deutschen Pass ergattern konnten, aber ohne besagte »Prägung«.

Paoli ist ein Stück geschickter. Seine, die »bessere«, weniger belastete Prägung ist die regionale, besonders die durch *Sprache* vermittelte Eigentümlichkeit. Er beklagt den »standardisierten Neusprech« und folgert: »Mit jeder sterbenden Sprache (es verschwindet im Durchschnitt eine pro Woche!) geht ein Teil der menschlichen Erfahrung verloren.« Es sterbe das »eigentümliche Entzücken in der einfallsreichen Konversation«, wie es im Dialekt und Idiom anzutreffen sei.

Holen wir, was hier betrauert wird, erst mal auf den Boden der Tatsachen. Sprachen verschwinden, weil die Menschen sie für ihr Leben, ihr Zurechtfinden in der Welt nicht brauchen. So sind viele Sprachen untergegangen. Haben sie Epochen geprägt und waren reich an literarischen Hervorbringungen, wurden sie Gegenstand wissenschaftlicher Forschung und privater Liebhaberei. Trauer? Ich flenne ja auch nicht um den Verlust regionaler Sportarten. Den Verlust von Fingerhakeln, Boßeln und das Hochheben schwerer Steine verfolgte ich mit mehr als nur klammheimlicher Freude.

Meine Großmutter konnte perfekt Plattdeutsch – sprach es manchmal mit Gleichaltrigen und bei Besuchen auf dem Lande; da sie Radio hörte, Fernsehen sah, das Käseblatt unseres Ortes las und manchmal Lebensmittelverkäuferin war, war ihr Hochdeutsch so normal (also auch arm), wie es bei Proletariern eben ist. Sie wusste, dass ihr Platt untergehen werde, fand das »schade« (aber mehr auch nicht), und ich wusste, dass von allem, was ich lernen wollte, um die Welt zu begreifen, Plattdeutsch nicht das Dringlichste war. Viel eher, zum Beispiel, wollte man ja entschlüsseln, was da von Bob Dylan oder Grace Slick gesungen wurde (und fertigte sich höchst unzulängliche Übersetzungen an). Plattdeutsch interessierte mich so wenig wie die Menschen mit den anachronistischen Berufen, die uns im Heimatkundeunterricht vorgeführt wurden. Halligbewohner etwa, die mit einem »Schlickrutscher« im Wattenmeer zu ihren Reusen rutschten.

Nun – und das ist ja nicht falsch – würde Paoli auf den staatlichen Gewaltakt verweisen, der (oft, wenn auch nicht immer) in der Durchsetzung *einer* Nationalsprache liegt. Er schreibt:»Die Nation war die erste Abstraktion, die sich über die regionale und kulturelle Vielfalt stellte. Das ist in Frankreich besonders offensichtlich, da die Bretonen, Pikarden, Elsässer, Okzitanier, Korsen, Katalanen und Basken so lange von dem zentralistischen Staat unterdrückt wurden, bis ihre Sprache und Kultur beinahe ausstarben. Doch kann das Gleiche von allen Ländern gesagt werden.«

Selbstverständlich liegt auf der Strecke zwischen Gründung des Nationalstaats und der Erziehung seiner Untertanen zu nationaler Gesinnung, meist auch in der Sprachpolitik, eine enorme Portion Gewalt durch Diskriminierung, Verordnung von Schul-, Universitäts- und Behördensprache, Zugang zu Berufen des Staatsdiensts, Sprachenverbote im öffentlichen und manchmal auch privaten Raum. Zum Zeitpunkt der Französischen Revolution sprachen drei der 15 Millionen Staatsbürger Französisch als Muttersprache, bevor manch administrative, repressive Maßnahme das änderte.

Meine erste – »nur« auf dem Fundament praktischer Menschenfreundlichkeit stehende – Frage lautet: Wenn dieser Prozess (weitgehend) abgeschlossen ist, wenn also »alle« Französisch können, was spricht dagegen, ihn zu akzeptieren? Auch wenn Staatsgründung und *Nation Building* mit viel Gewalt verbunden waren: Ist das ein hinreichender Grund, die Resultate nicht hinzunehmen? Etwa die Staatsgrenzen? Oder dass es ein »Rückkehrrecht« in Gebiete, in denen »Vorfahren« gelebt haben, nicht gibt? Auch kein »Heim ins Reich« für »nationale Minderheiten«, die die Sprache eines Landes sprechen mögen, dessen Staatsbürger sie nicht sind? Also lieber Krieg?

Wenn ich von sprachlichen Untergängen informiert werde und wie selbstverständlich erschaudern soll – »Die Straßburger Jugend wird, wenn der Trend nicht gestoppt wird, in ca. 30 Jahren ganz frankofon sein. Dasselbe gilt für Colmar, Mühlhausen usw. Darum jetzt dieser verbissene Kampf«, war vor 38 Jahren in »Ästhetik und Kommunikation« zu lesen –, dann frage ich zurück: na und? Ich verfüge über keine Macht und appelliere in solchen Fällen an keinen Staat, seine Machtmittel einzusetzen. Fragte man mich um Rat, bestünde der darin, für irrelevant zu halten (um eines späteren Vergessens willen), was sie im Namen ihrer Vorfahren sein sollen: Bretonen, Basken, Korsen, Elsässer etc. Natürlich auch Sorben und Friesen. All das sei Museen, Forschern und Liebhabern überlassen – unter der Bedingung, dass es *ohne politische Ambition* geschieht.

Betrachte ich die Welt, wie sie ist und sich entwickelt, ist meine Argumentation eher verharmlosend, denn im Rahmen von völkischem Nationalismus und Ethnopluralismus wurden und werden Sprachen (oft als wichtiger Faktor »kultureller Identität«) wieder zur »Seele des Volkes« stilisiert. Das hat zu so vielen herbeigestümperten nationalen Sprachen geführt, wie wir es im zerfallenen Jugoslawien beobachten oder etwa in den Idiotien der Ukraine. Der Effekt ist jedenfalls immer, dass »neue Fremde« (man schaue nach Litauen) geschaffen, stigmatisiert, diskriminiert werden. Ich glaube an die Erzählungen vom ganz anderen, linken Sprach- und Kulturnationalismus nicht, dafür hängen an zu vielen Häusern des Baskenlandes kroatische Staatsfahnen.

Überall, wo das Beherrschen der National- oder Regionalsprache zur Bedingung gleichberechtigter Zugehörigkeit gemacht wird – wie zum Beispiel in Deutschland, wo das Erlernen der Sprache über Einbürgerung und Bleibeperspektive entscheidet – und jene *bestraft*, die (weil ihnen zum Beispiel traumatische Erlebnisse diese Kraft nicht geben) sich den gesetzlichen Maßregelungen nicht unterwerfen können oder wollen, ist linkes Engagement dagegen geboten. Dazu gehört freundliche Langmut gegenüber jenen, die typische Charaktere von Flucht und Einwanderung sind, die also in Communitys verharren, Medien in ihrer gewohnten Sprache konsumieren etc. Ratschlag und staatliche Zwangsmaßnahmen sind zwei Paar Schuhe. Sprache kann nur absterben, nicht verboten werden.

Das erlaubt meiner »Dogmatik« die Ausnahme. Die Slowenen in Kärnten bedürfen der Ortsschilder (auch) in ihrer Sprache, um vergessen zu können, dass sie Slowenen sein sollen.

Es ist idiotisch, antimodern, hinterwäldlerisch und gefährlich, wenn an baskischen Universitäten nur lehren darf, wer das auf Baskisch kann. Staatspolitische Entscheidungen – ich springe etwas in der Welt hin und her – haben oft determiniert, was sich durchsetzt. Wir kennen zum Beispiel Leidenschaft und Schroffheit des innerzionistischen Streits, ob im erhofften Staat Jiddisch oder Hebräisch gesprochen werden solle. Wir wissen, welche Position gewann, und wir können in Erfahrung bringen, wie klein die Zahl der jüdischen Israelis heute ist, die Jiddisch sprechen. Das meine ich, wenn ich sage: Es ist eben so.

Nun gibt es in den USA eine nicht ganz kleine (im Vergleich zu früheren Zeiten dennoch kleine) jüdische Community, die das Jiddische pflegt. Auch in Hamburg gibt es eine kleine Vereinigung zu diesem Zweck. Das Motiv, Spra-

che und Leben derer, die vernichtet wurden, nicht zu vergessen, verstehe ich
– wie ich auch die Freude am Erlernen dieser Sprache verstehe. Die relativ
besten Zeiten für Juden in der Sowjetunion waren die von Lenins vielleicht
intellektuell unzulänglichem, aber ehrlichem Hass auf den Antisemitismus
geprägten, als jiddische Zeitungen, Lyrik, Prosa und großes Theater zum kulturellen Leben gehörten; selbst wenn gegenüber der Parteilinie Gehorsam galt.

Juden werden erst aufhören können, Juden zu sein, ihr »Jüdischsein« zu
»vergessen«, wenn der Antisemitismus verschwunden ist. Also in mutmaßlich ferner Zukunft und gewiss nicht unter Bedingungen kapitalistischer To-
talität. Analoges darf man von den Objekten des Rassismus vermuten. Und
dennoch: Gedanklich will ich – bei allem, was im Stande der Unfreiheit an
Umwegen, Halbheiten, temporären Zugeständnissen nötig ist – an einer zukünftigen Weltgesellschaft festhalten, die weder durch Staaten noch durch
unterschiedliche Sprachen fragmentiert ist. Dass diese Sprache von größter
Fähigkeit zur Nuancierung sein müsste, also nicht bloßes Mittel zur Kommunikation, versteht sich.

Ein Splitter zur Sprache

Wer Karl Kraus gelesen hat, ob auf dem Lande oder im »progressiven« Stadtteil lebend, weiß, dass es das Gefühl von Heimat im Sinne von Geborgenheit, Vertrautheit, Zugehörigkeit nicht geben kann. Es ist zerstört durch die Sprache, die Kraus selbst dazu bringt, zu offenbaren, was sie verbirgt. Er denunziert durch immanente Genauigkeit, was innerhalb des Universums der Alltagssprache – vertreten durch Staatsapparat, die Medien und »einfache Menschen« – wirksam ist.

Der konkrete Gegenstand dieses Grauens (der Erste Weltkrieg in *Die letzten Tage der Menschheit* oder die christliche Moral in *Sittlichkeit und Kriminalität*) hat Modifikationen erfahren; Struktur und Erkenntnisgewinn sind hochaktuell. Hermann Gremliza, der in dieser Tradition die Sprache zum Sprechen bringt, beweist das – man lese seine *Haupt- und Nebensätze*.

Nichts ist vergifteter als die Forderung an die Gesellschaftskritik, sie möge doch die Sprache der »einfachen Menschen« (gern auch »des kleinen Mannes«) sprechen, nicht abgehoben, »elitär«, schwer verständlich sein. Die Aufforderung ergeht meist im Namen eines »linken Populismus« oder, damit es gebildeter klingt, unter Berufung auf Antonio Gramsci. Den Preis dafür nennt Herbert Marcuse, den ich hier auf ein Zitaten-Potpourri verkürze: dass so das Denken »in die Zwangsjacke des alltäglichen Sprachgebrauchs gepresst« wird; dass gerade »die Alltagssprache die Verkümmerung von Menschen ... enthüllt«; dass die »vereinheitlichte, funktionale Sprache« durch ihre »operationelle und verhaltensmäßige Rationalität die transzendenten, negativen und oppositionellen Elemente der Vernunft verschlingt«; dass Inhalte, »die über den gesunden Menschenverstand hinausgehen, das alltägliche Universum der Sprache nicht beeinträchtigen«. Kritische Philosophie habe die in der Struktur der Gesellschaft liegenden Gründe aufzudecken, »die die Sprache zu einem verstümmelten und trügerischen Universum machten«; gerade wo die Alltagssprache »am wenigsten konfus *scheint*«, sei »die Aufdeckung des Falschen in so viel normalem und klarem Sprachgebrauch« nötig, denn »jeder Satz ist so wenig in Ordnung wie die Welt, in der diese Sprache kommuniziert wird«.

Politiker achten darauf, *Deutsch* zu sprechen, mit so wenigen Anglizismen wie möglich, unkompliziert und einleuchtend zu sein, das Beispiel, an dem sie sich erregen, fast gewaltsam von aller gesellschaftlichen Bedingtheit zu lösen, alle Fakten ohne die ihnen zugrunde liegenden Faktoren auftreten zu lassen. Es ist die Struktur der Talkshow, die so leicht verständlich zu sein hat wie die anderen Sendungen, die der Zerstreuung dienen, was zu sagen ist, knapp und in Abstraktion von Geschichte, Ursache, kapitalistischer Notwendigkeit kurz und knackig auf den Punkt zu bringen. Oskar Lafontaine und Peter Gauweiler konnten ihr Rechts-links-Geplänkel in der »Bild«-Zeitung so lange pflegen, weil beider Sprache die des Alltagsverstands ist. Der Chefredakteur der »Zeit« fällt nicht auf, weil er den Verdacht vergangener Zeiten, Intellektuelle könnten kompliziert sein, vielleicht sogar unverständliche Begriffe ins Spiel bringen, kraftvoll dementiert. Er fragt nur noch, ob Politik den Draht zu den einfachen Menschen und so weiter... »Sätze, die der Leser ohne Mühe versteht, lohnen das Aufschreiben nicht«, sagt Gremliza.

Der Ersatz für Kritik ist der Skandal (zum Beispiel der, dass in Bremen ein paar Flüchtlinge durchschlüpfen konnten), aber mehr noch der ungeheure, bedrückende Reichtum an Kenntnissen über die Produkte der Warenwelt, das Preis-Leistungs-Verhältnis, das günstige und das überteuerte Angebot, die Fähigkeit, sich nicht übers Ohr hauen zu lassen, das Kleingedruckte zu lesen, den Anbieter zu wechseln und über all das zu reden, reden, reden.

Die herausragende Position des Experten, der ohne Polemik und frei von Ideologie nur den Fakten und Sachzwängen verpflichtet als Repräsentant der »operationellen und verhaltensmäßigen Rationalität« die Bühne betritt, konkurriert in jüngster Zeit mit dem sprachlich Enthemmten und Enthemmenden, der die Vokabeln benutzt, die schon dem gesunden Menschenverstand gefallen, aber noch als ein bisschen anrüchig gelten: »Asyltourismus«, »Anti-Abschiebe-Industrie«. So teilt sich die Gesellschaft – wirklich und scheinbar zugleich – in »Besonnene« und »Hetzer«. (Über Inhalt und bürokratische Sprache der »Besonnenen« am Beispiel der »realistischen« Flüchtlingsabwehrer in der Linkspartei, die einen Bogen um Seehofers Wortwahl machen, siehe Thomas Blum in **konkret 7/18**.)

Groß – viel zu groß, meine ich – ist die Sehnsucht der Zivilgesellschaft und ehemaliger Systemkritiker angesichts des Siegeszuges offenbar irrer, demagogischer, pathogener Massen und ihrer politischen Führer nach dem Konsens der besonnenen Demokraten, der sich sprachlich Mäßigenden und der instrumentellen Vernunft Verpflichteten zu setzen. Das kaschiert nur die eigene Harm- und Hilflosigkeit. Was gestern noch pathogen, »rechter Rand«, unsagbar und ein Fall für den Verfassungsschutzbericht war, wird in praxi heute als gesund, sag- und machbar definiert. Das ist der »Lernprozess« in jeder von Karrieristen bevölkerten Redaktion, in der zum pathogenen Außenseiter wird, wer an das eben noch allgemein Gültige erinnert und daran festhält.

»Dass die pathische Meinung der sogenannten normalen immanent ist, zeigt sich drastisch daran, dass, im krassen Widerspruch zu der offiziellen Unterstellung einer vernünftigen Gesellschaft von Vernünftigen, grundlose und unsinnige Vorstellungen jeglichen Schlages keineswegs Ausnahmen sind«, schreibt Adorno in »Meinung, Wahn, Gesellschaft« (1961) und ergänzt: »Die Überzeugung, Rationalität sei das Normale, ist falsch«, denn »unterm Bann der zähen Irrationalität des Ganzen ist normal auch die Irrationalität der Menschen.«

Nichts scheint mir – an den Boom von Horoskopgläubigkeit, Esoterik, Reichsbürgerwesen, Verschwörungstheorien, Impffeindschaft, Kreationismus, Leugnung des Klimawandels, Rassismus und Antisemitismus denkend – evidenter. Die Suche nach der »charakteristischen Gestalt absurder Meinung«, also dem Unvernünftigen, Projektiven und Irren jenseits der »individuellen« Spezialmacke, endet beim Nationalismus. Adorno: »Der Glaube an die Nation ist *mehr als jedes andere* pathische Vorurteil die Meinung als Verhängnis.«

Den Zufall, das ohne eigenes Zutun Geschehende, die »angeborene« Staatsangehörigkeit zur subjektiven Zugehörigkeit und Parteilichkeit zu transformieren (und das wohnt jeder »Heimatliebe« ebenfalls inne), dieses Wir (»Wir können nicht alle Flüchtlinge der Welt aufnehmen«), ist überwältigend, so majoritär, so unwidersprochen, dass einfach einsam ist, wer das nicht mitmacht. Wer sich nicht für Sport interessiert, feiert den deutschen Sieg beim Schlagerfestival, den deutschen Nobelpreisträger oder den deutschen Papst. Das als furchtbar progressiv geltende Hamburger Schanzenviertel ist aus Anlass der regelmäßigen Sommermärchen nicht minder schwarz-rot-gold dekoriert als die Kneipen und Public-Viewing-Plätze beliebiger Kleinstädte. Und solchen Kiez soll ich lieben!

Und noch einmal Adorno: »Gesundes Nationalgefühl vom pathischen Nationalismus zu scheiden ist so ideologisch wie der Glaube an die normale Meinung gegenüber der pathogenen; unaufhaltsam ist die Dynamik des angeblich gesunden Nationalgefühls.« Der Verfassungspatriotismus ist mit dem völkischen nicht identisch, aber in ihm ist das »first«, das »über alles in der Welt« schon vorhanden.

Meinung und Alltagssprache sind verschworene Feinde der Kritischen

Theorie und Philosophie (die im Namen der Verständlichkeit angefeindet wird) und der Kunst, wo sie (heute aussterbend) sich nicht unterwirft, sich nicht aufschwatzen lässt, dass Sprache und Kommunikation dasselbe seien: »Die wahrhaft avantgardistischen Werke der Literatur kommunizieren den Bruch mit der Kommunikation«, schreibt Marcuse, und bei Gremliza steht: »Kommunikation ist Gespräch ohne Inhalt, Gedankenaustausch ohne Gedanken.«

Adorno kehrte nach Deutschland zurück, Marcuse blieb in den USA. Gewiss gab es dafür unterschiedliche Gründe. Der eine verabscheute den amerikanischen Positivismus und die Anforderungen der Tauglichkeit für »die Praxis«, Marcuse fand eher etwas mehr Geschmack am »American Way of Life«.

Wichtig in diesem Zusammenhang scheint mir Adornos Selbstauskunft, er sei überzeugt, in angemessener Nuanciertheit (und unter Beimischung von Fremdwörtern in großer Zahl, deren Notwendigkeit er gegen Kritik verteidigte) nur in deutscher Sprache sich ausdrücken zu können. Marcuse empfand das nicht so, er publizierte unbekümmert in der Sprache des Landes, dessen Staatsbürger er geworden war. In diesem Punkt ähneln ihre unterschiedlichen Wege denen zahlreicher Schriftsteller. Was Lion Feuchtwanger mit leichter Hand gelang, war Oskar Maria Graf bis zu seinem Tode undenkbar.

Man soll daraus kein »Prinzip« ableiten, das führt in die Irre. Es ging oft auch um Alter, Talent und mehr. Samuel Beckett, der von Marcuse und Adorno so verehrte, schrieb in seinen Anfängen Englisch und seine berühmtesten Werke auf Französisch.

Auch Heimweh – das etwas fundamental anderes als Heimatliebe sein kann – mit all seinen skurrilen, dramatischen Erscheinungsformen erwischt die Individuen unterschiedlich – oder ist ihnen, in Anbetracht dessen, was in Deutschland verbrochen wurde, ganz fremd. Da die Reflexionen Jean Amérys (»Wie viel Heimat braucht der Mensch?«) in dieser Arbeit unberücksichtigt bleiben, weil ich über diese noch einige Zeit brüten möchte, an dieser Stelle nur schon einmal apodiktisch: Zu den widerlichsten Erscheinungen gehört das verordnete, das angedrehte, das zum repressiven Bekenntnis benutzte Heimweh, das die Mitläufer der »inneren Emigration« gegen Thomas Mann und heimattreue Parteikommunisten gegen (wirkliche und vermeintliche) Kosmopoliten und jene in Anschlag brachten, die einfach in den Ländern ihres Exils bleiben wollten oder nach Israel gingen.

Ein Kessel Braunes:
der Fall DDR

Eine seltsame, bizarre, erschreckende Schlacht tobte von Beginn ihrer
Existenz an zwischen den beiden deutschen Staaten darüber, in welchem
die Heimatliebe ein besseres Zuhause gefunden habe. Der unauflösliche Zusammenhang von Heimatliebe, Vaterlandsliebe und Abscheu vor Kosmopolitismus – stets versehen mit dem Attribut sozialistisch, das den Begriffen
ihre Wahrheit und Echtheit und sakrale Legitimität geben soll – ist allgegenwärtig in den Doktrinen der DDR und prägte die alltägliche Propaganda und
das praktische Leben.

Das kam nicht aus heiterem Himmel, und doch bin ich nicht sicher, dass
es *so*, wie es kam, kommen musste. Nicht aus heiterem Himmel, das meint:
Natürlich haben die revolutionären Schriftsteller – man ist geneigt zu sagen: wie angeordnet –, etwa in ihren Romanen zum Spanischen Bürgerkrieg,
ihren Helden bei aller Abenteuerlust, praktisch erfahrener Solidarität und
erotischen Erlebnissen mit aufregenden Spanierinnen immer eine gehöri-
ge Portion Heimweh ins Manuskript getan, bei allen Anfechtungen auch Ge-
wissheit, dass man nach Deutschland gehöre, wo doch andere Disziplin und
weibliche Tiefe und Treue wartete.

Längst waren die (Partei-)Kommunisten keine »vaterlandslosen Gesellen« mehr. Sie hatten sich schon in der Endphase der Weimarer Republik programmatisch auf die »nationale Errettung« Deutschlands festgelegt
und während des Krieges jenes Bündnis von Kommunisten des Moskauer
Exils und in Gefangenschaft geratenen deutschen Offizieren (deren promi-
nentester der Stalingrad-General Friedrich Paulus war) geschmiedet, das
Hitler beschuldigte, nicht wie sie gut national zu sein, sondern Deutschland
in den Untergang zu führen. (Im mexikanischen Exil stieß dieses Bündnis
auf Entsetzen.)

Drittens war, gut zwanzig Jahre zuvor, der Bruch mit der künstlerischen
Avantgarde im Namen des sozialistischen Realismus vollzogen worden, auch
wenn ein Teil dieser Künstlerinnen und Künstler im Angesicht nationalsozialistischer Weltherrschaftspläne immer wieder, oft am Rande zur Selbstaufgabe, an die Seite der Kommunisten fand. Picasso, zum Beispiel, dessen
Bilder als fürs Proletariat schädlich klassifiziert worden waren.

Dies (und einiges mehr) macht so schwer unterscheidbar, wer aus »echtem« Heimweh, diesem schmerzhaften (und sentimentalen) »Defekt« (Gremliza), in die DDR ging – und wer mehr aus verordneter »Pflichterfüllung« der Neigung nicht nachgab, den deutschen Tätern nie wieder begegnen zu wollen, und statt dessen in Mexiko oder Israel blieb. Die große Anna Seghers folgte schließlich der Parteidisziplin.

Dafür, dass es so, wie es kam, nicht kommen musste, spricht, dass, wie Jan Palmowski schreibt, die »Heimat ursprünglich im sozialistischen Denkhorizont nicht vorkam« und »die Schnittmengen von Heimat und Nationalsozialismus zweifellos die Verknüpfung der Ersteren mit dem Antifaschismus« erschwerten. Viele der folgenden Zitate entnehme ich Palmowskis Buch *Die Erfindung der sozialistischen Nation – Heimat und Politik im DDR-Alltag*.

Es musste also etwas Erinnertes abgeräumt werden, repressiv und knallhart – und zugleich musste die (sozialistische) Heimatliebe in den Rang von Selbstverständlichkeit und überwältigender Gefühlstiefe erhoben werden. Da waren zum einen die 240.000 Mitglieder in gut 10.000 Laientheatern, Chören, Volkstanzgruppen; dann die Naturschützer, Hobbyarchäologen, Vogelkundler, Heimatschriftsteller usw., die fast ausnahmslos »loyale Unterstützer des Dritten Reichs« gewesen waren – 80 Prozent der Mitglieder der »Heimatvereine« der frühen DDR waren in der NSDAP gewesen. Solange sie nicht – und dieses Gebot macht einen signifikanten Unterschied zur BRD aus, der nicht gering geschätzt werden soll – Gebietsansprüche gegen Polen, die Tschechoslowakei etc. erhoben, wurden sie von Staats wegen zu Kämpfern für »die echte, von der Amerikanisierung unberührte und in der deutschen Tradition fest verankerte Heimat« geadelt.

War einmal abgemacht – und auch durch großen Publikumszuspruch bestätigt –, dass »echte Heimatliebe nur im Sozialismus möglich sei«, dass Geborgenheit, Vertrautheit, Gemeinschaft und Tradition hohe Staatsziele seien, gab es (durchaus rassistisch grundierten) Gegenwind gegen alles, was den wuchernden Provinzialismus kritisch zum Gegenstand machte. Zum so gearteten Film »Zwergenland ist überall« hieß es etwa: »Wir führen einen Kampf gegen die Amerikanismen in der Tanzmusik, können aber nicht gleichzeitig gegen die ›Schnulzen‹ auftreten.« Es sei immer noch besser, das Radio spiele »Weißer Holunder« als etwa »Schlager mit Urwaldlauten«.

Kitschige Musik produziert noch kitschigere Rezensionen, und so war über das »Fest der deutschen Volksmusik« (1952 in Ost-Berlin) zu lesen, »echte Heimatliebe der Bauern« habe »das Publikum der Berliner Arbeiter zu Tränen gerührt«. Da hat die Sichel den Hammer geküsst. Ob die tränenreiche Rührung wirklich das war, was Brecht mit seinem Theater wollte?

Zur Bebilderung dieser Zeit hier ein SED-Wahlkampfplakat, das eng an die NS-Ästhetik angelehnt ist, sowie das Siegerfoto des Wettbewerbs »Schöne deutsche Heimat« von 1956 (rechts), randvoll mit Natur, Idyll und heiler Welt, den Antipoden von Moderne, Neonlicht, Konsumismus, Sünde und Moloch.

Später dann – ich greife etwas vor – kam die Partei zu dem Schluss, dass »Heimat« nicht nur die Tradition, sondern auch den (industriellen) Fortschritt zum Gegenstand haben müsse. Damit rückte die Fabrikanlage an die Seite des Brunnens vor dem Tore und koexistierte eine Weile mit ihm friedlich und gleichberechtigt.

Wichtig scheint mir, dass die DDR-Heimatliebe kein »Gewährenlassen« nun einmal vorhandener konservativer und reaktionärer Milieus »im Volk« war, nichts zähneknirschend und ob bestimmter Prioritätensetzung Akzeptiertes, sondern gewollt und geschürt. Der Schriftsteller Johannes R. Becher, ab 1954 Minister für Kultur, veröffentlichte 1952 seinen Gedichtband »Schöne deutsche Heimat«. Im Vorwort schreibt er: »Wer die Schönheit seiner Heimat wahrhaft zuinnerst fühlt, der kann nicht anders, als all das, was in seinen Kräften steht, zu unternehmen, diese schöne Heimat vor Verderb und Vernichtung zu bewahren ... Gerade die Dichtung sollte in diesem Sinne eine Heimat der ›Schönen deutschen Heimat‹ sein.« Die Sammlung sage »Lob und Dank Deutschland, meinem Vaterland ... Zu der ganzen Schönheit des Landes gehört auch eine ›schöne Geschichte‹, gehören ›schöne‹ Menschen, gehört ein allgemeines ›schönes‹ menschliches Bemühen ... gehören die Schönheit der Kunst und die Schönheit der Sprache, gehört eine ›schöne‹ menschliche Ordnung.«

In den Gedichten erscheint »Heimat« als das Monumentale schlechthin, demgegenüber der Mensch, der Sehnsucht nach ihr ausgeliefert, von ihr und ihrer unbezweifelbaren Schönheit gefangen und geprägt ist, um seine Winzigkeit weiß – und in »ihr zerfließt«.

»Du – meine Frühandacht! Beim Frühaufstehn
warst, Heimat du, mein erstes Wiedersehn ...

Mit jedem Atemhauch sog ich dich ein,
Ein jedes Wort, das ich je sprach, war dein. ...

Mit dir saß ich zu Tisch beim Abendmahl,
Du grüßtest mich im letzten Sonnenstrahl. ...

Es klang mein Herz, ein Lied klang heimatlich
O Heimat, alle Wege suchen dich –
Des Tags der Heimkehr habe ich geharrt
In deiner heiligen Allgegenwart«

Oder die Schlussverse aus »Heimat, deine Sterne«:

»Heimat, all mein Weinen
Weint sich in mir ein.
Deiner Sonne scheinen
Ist wie Glorienschein.

Heimat, deinen Namen,
Bin ich namensgleich
Du, mein Ja und Amen,
Du, mein Himmelreich!«

Wer das nicht als Selbstaufgabe, Kitsch und Kampfschrift gegen jene erkennt, die nicht ins Land der Täter zurückkehren wollten, dem kann ich nicht helfen. Im Vorwort hatte Becher von den »schönen« Menschen und der »schönen« Geschichte geschrieben, der zu huldigen sei. Schöne Menschen und schöne Geschichte – der Nationalsozialismus als vorübergehender Verstoß gegen beides, als eine Art Fremdherrschaft des Bösen über die Schönen und das eigentlich Schöne, über die deutsche Klassik, den deutschen Humanismus, die deutsche Volkstümlichkeit.

Die Gewalt, die in dieser volkstümlich-kitschigen, Deutschland und die Heimat verklärenden Poetik steckt, will ich am Beispiel Hanns Eisler und dem Aufführungsverbot seiner Oper »Johannes Faustus« bebildern. Hanns Eisler gehört zu den Intellektuellen, die in großer Loyalität zum Parteikommunismus standen und durch ihre Klugheit und Lebenserfahrung doch nicht jede (oft willkürlich erscheinende) Wendung nachvollziehen mochten. Eine solche war der III. Parteitag der SED 1950 mit seiner Verurteilung des Kosmopolitismus und des Einflusses der amerikanischen Kulturbarbarei auf die DDR. Die in allen realsozialistischen Staaten gefassten, antisemitisch grundierten Beschlüsse hatten anderswo viel dramatischere Folgen: Sie kosteten zum Beispiel Eislers Freund Otto Katz, Angeklagter im Prager Slánský-Prozess, das Leben.

Eislers ganzes Leben, seine Herkunft aus der Schule Arnold Schönbergs – die Wege trennten sich, ohne dass Eisler je die geforderte Distanzierung geliefert hätte –, seine wegweisenden Arbeiten mit proletarischen Chören, seine Zusammenarbeit mit Erwin Piscator und Karl Kraus, seine Kampflieder, seine engste künstlerische und persönliche Verbundenheit mit Bertolt Brecht, sein Exil, seine Zeit in den USA als Komponist von Filmmusiken (zwei Oscar-Nominierungen), sein gemeinsames Buch mit Adorno – »Komposition für den Film« (erschienen 1947) –, seine Freundschaften mit Lion Feuchtwanger, Thomas Mann, Albert Einstein, Charles Chaplin und wer da in seinem Haus in Kalifornien so ein und aus ging; später die Verhöre durch die US-amerikanischen Kommunistenjäger und seine Ausweisung aus den Vereinigten Staaten, sein vergeblicher Versuch, in Wien Fuß zu fassen, was sich für einen kommunistischen Juden als unrealisierbar erwies; dann das Angebot, in der DDR materiell gesichert arbeiten zu können; die Vertonung von Bechers Gedicht zur Nationalhymne (»Auferstanden aus Ruinen«), Ruhm und Orden und wieder gemeinsames Arbeiten mit Ernst Busch und Brecht ... Kurzum: ein verdächtiges Leben, suspekte Freundschaften, Erfolge in den USA, Finanzierung durch die Rockefeller-Foundation. Und dann dieses Libretto ...

Aus heutiger Sicht mag der Inhalt nicht spektakulär erscheinen. Er spiegelt, was in Exilkreisen als Fragestellung allgegenwärtig war. Johannes Faustus vertrat nicht, wie bei Goethe, den bürgerlichen Humanismus. Er war der Antiheld, der mit der Macht paktierte, sich gegen die aufständischen Bauern und Thomas Müntzer stellte – auf die Seite Luthers und der Fürsten. Der Verrat des Bürgertums an der Revolution (angelehnt an Friedrich Engels' Blick auf die Zeit der Bauernaufstände) – das sei *ein* (weiter zu erforschender) Ansatz, den Nationalsozialismus zu erklären, ein Schlüssel zum Verständnis der »deutschen Misere«. Eisler – so selbstbewusst er in musikalisch-kompositorischen Fragen war, so schüchtern war er in der Beurteilung seiner literarischen Fähigkeiten – legte den Text Lion Feuchtwanger und Thomas Mann vor (beide lobten ihn heftig) und überarbeitete ihn einige Tage lang mit Bertolt Brecht.

Dann ging das Werk zum Aufbau-Verlag, wurde gedruckt und bald schon wieder aus dem Verkehr gezogen. Warum? Ich zitiere aus den Reaktionen im »Neuen Deutschland«, dem »Sonntag« und der berühmten Mittwochsgesellschaft in der Akademie der Künste:

»Manche unserer fortschrittlichsten Künstler, persönlich aufrichtige Kameraden ..., haben bisher noch nicht tief genug die Grundfragen unseres patriotischen Kampfes durchdacht« (Alexander Abusch, »Sonntag«). »Eisler ... verdammt die ganze deutsche Geistesgeschichte« (Wilhelm Girnus). »Niemand zweifelt daran, dass es in der deutschen Geschichte unglückliche Verkettungen gegeben hat, aber ...« (Heinz Kamnitzer). »Wird mit solchen kosmopolitischen Auffassungen nicht der Zerstörung der nationalen Kulturen durch den Amerikanismus Vorschub geleistet?« (»Neues Deutschland«). »Ich hatte mir ... eine echte Volkstümlichkeit gewünscht ... Ich fand eine zersetzende Volkstümlichkeit, die keine Volkstümlichkeit ist ...« (Hans Rodenberg). »Es zeigt sich, dass Hanns Eisler die Einflüsse des heimatlosen Kosmopolitismus noch nicht überwunden hat« (»Neues Deutschland«). »Das Zersetzende ist meiner Meinung nach gerade, dass es in diesem Dr. Faustus überhaupt nichts Positives, nichts Bejahendes gibt. Das ist quasi die Dialektik des ewigen Juden, der wandert und herumgeht und sarkastisch zugespitzte Bemerkungen macht« (Hans Rodenberg). »Eislers ›Johann Faustus‹ ist ... pessimistisch, volksfremd, ausweglos, antinational« (»Neues Deutschland«). »Mit dem Kampf gegen die Zerstörung ... kämpfen wir um Hanns Eisler so lange, bis er es eingesehen hat, bis er mit seiner ganzen Potenz die Wendung vollzieht« (Walter Besenbruch). »Er darf mir das nicht übel nehmen, das ist keinesfalls als Diffamierung gemeint, sondern als Hilfe« (Wilhelm Girnus).

»Ich möchte meinem lieben Freund Hanns den Rat geben, diesen Stoff nicht weiter zu komponieren« (Ernst Hermann Meyer). »Es gibt in der Medizin zwei Behandlungsmethoden ..., wenn jemand Geschwüre am Körper hat ... Wir sollten hier von dem Bepinseln, dem Kurieren einzelner kleiner Dinge absehen, wir sollten erkennen, dass ... diese Symptome einer grundsätzlichen Erkrankung – um einmal den Ausdruck ›Erkrankung‹ zu benutzen – sind« (Wilhelm Girnus).

Man muss die Qualität von Eislers Libretto in diesem Zusammenhang gar nicht genau bestimmen, um dafür Partei zu ergreifen. Negativität, Zersetzung, Volksfremdheit, Heimatlosigkeit, Geschwür am gesunden Körper, ewiger Jude: Hier sind alle Stereotype des Antisemitismus, des »Kosmopolitismus« und des Antikommunismus auf einem Haufen. Hier ist unter dem Vorwand einer Verteidigung des »Erbes« der Klassiker die Kunst und Kultur gegen das Vergrübelte, die Reflexion der Entfremdung, die Kritik am Bestehenden in Stellung gebracht. Von nun an ist alles der Frage unterworfen, ob und wie das Gemüt des Publikums zu Tatkraft, Zufriedenheit und Aufbaueifer anzuspornen sei. Exemplarisch beweist das die Rede von Klaus Gysi (Minister für Kultur) fünfzehn Jahre später in Weimar. An die frühen Jahre der DDR erinnernd fragt er rhetorisch: »Wer konnte uns damals Kraft, Mut und Zuversicht geben? Lessing, Heine, Schiller und Goethe oder *Kafka*? Die Frage stellen heißt sie beantworten.« Kafka stand für Eisler, gewarnt wurde pauschal vor dem »Aufgeben unserer eigenen nationalen Tradition durch Import von Leitbildern ..., die unserer Weltanschauung fremd sind.« Und es ging erneut um Goethes Faust, den »Tätigen ..., der nie zweifelt und ... zu sich selber findet«, versus den weniger Tätigen und mehr Zweifelnden: »Oder ist uns Gregor Samsa gemäß, der eines Morgens aus unruhigen Träumen erwacht und sich in seinem Bette zu einem ungeheuren Ungeziefer verwandelt wiederfindet.«

Da wurde gewiss herzhaft gelacht – unruhige Träume, wo gibt's denn so was? Der erfolgreiche Roman *Spur der Steine* hatte ja gerade lehrstückhaft verkündet, dass vom Protagonisten »Rastlosigkeit und seine Entfremdung abfielen«, wenn er erkannte: »Die Heimat ist überall«, wo DDR ist.

Staatstheoretiker hatten ermittelt, »dass Menschen über einen angeborenen Sinn für Heimat verfügen«, und im kulturpolitischen Wörterbuch heißt es sowohl, Heimat sei »die territoriale Einheit, ... kulturelles Milieu ..., in dem der Mensch seine *erste* wesentliche Persönlichkeitsprägung erfährt«, als auch, dass der Sozialismus ermögliche, Heimat zu empfinden, »unabhängig davon, wo man geboren ist«. Letzteres war nötig, weil die Führungscrew der DDR ja nicht auf deren Territorium geboren war; und der Anteil ehemaliger Bewohner deutscher »Ostgebiete« hatte beträchtliche Ausmaße.

Jedenfalls war, als die DDR zwanzig wurde, »Heimat zum Dreh- und Angelpunkt der Selbstbeschreibung der DDR geworden«. Es waren allerdings nicht gerade Goethe und Heine, die dafür sorgten, sondern die mächtigen Einschaltquoten, wenn »Schlager einer kleinen Stadt« gesendet wurden, in denen es hieß: »Alles um mich her – gefällt mir sehr« oder »Wir sind in Rostock unsere Stadt verliebt«.

Die Bilder zeigten nicht mehr nur Idylle, auch Straßenverkehr, Neubauten, Fortschritt mischte sich ein, aber immer war die »sozialistische Heimat ein Land der Vielfalt, Behaglichkeit und Gemeinschaft«. Erich Honecker – seit 1971 Staatschef – steigerte den Boom, »unzählige Volksfeste zur Feier der Heimat« wurden veranstaltet, und »Volkskünstler, Lokalhistoriker, Briefmarkensammler und andere Hobbytreibende« wurden zu »Hütern der kulturellen Eigenständigkeit« geadelt. Als »Grundthematik« des Deutschen Fernsehfunks (DFF) wurde »gute Laune, Freude, Entspannung, Humor, Frohsinn und Gesellgkeit, Wohlbehagen und gute Stimmung« festgelegt, alles eben, was »die sozialistische Lebensweise, das sozialistische Heimatgefühl« ausmachte.

Das ganze von vielen DDR-Bürgern geliebte Grauen, seine Ununterscheidbarkeit vom »Blauen Bock«, konnte man im »Obernhofer Bauernmarkt« besichtigen: »Die Sendung porträtierte ein Land im Überfluss, wo Gäste sich traditionelle, herzhafte Speisen der Region gönnten, vor allem Thüringer Bratwurst, Schinken und Schlachtplatte, Bier aus rustikalen Steinkrügen tranken und von Angestellten in traditionellen Trachten bedient wurden«, während »Künstler ... Heimatlieder vortrugen.«

Es ist ungerecht, an dieser Stelle die von mir verehrte Brigitte Reimann oder Heiner Müller und Peter Hacks – die keine Freunde waren – oder Hermann Kant und meinetwegen auch Christa Wolf und Stefan Heym, die mutigen Theatermacher, Dissidenten und Loyalen von Rang zu verschweigen, ich weiß. Aber prägend, allgegenwärtig, hegemonial wurde das ganz andere, das unvergrübelt Volkstümliche, das heimatverbunden Heitere, jenem Menschenschlag zugewandte, der gerade in seiner borniert Provinzialität, in seiner fleißigen Anspruchslosigkeit der ideale Aufbauer einer neuen Ordnung war, die der alten so ähnelte.

Das »Strasburger Kreisecho«, die Heimatzeitung dieses bestimmt einzigartig schönen Landstrichs, berichtet unter der programmatischen Überschrift »Einer der besten Melker«: »Das ist Gerhard Gillmeister, ein junger Mensch, der seinen Weg kennt. Er entwickelt sich in unserer sozialistischen Gesellschaft ..., leistet eine vorbildliche Arbeit und geht in seinem Beruf auf. Er ist ein junger Mensch unserer Gesellschaft.« Meine Hoffnung, dass Gerhard das mit dem Im-Melken-Aufgehen als Beleidigung empfunden hat, ist wahrscheinlich eine trügerische.

Ich kann auch anders: der Fall Tucholsky

S ucht man einen Text, der älter ist als Bechers Gedichte und ebenso schlecht wie diese, wird man bei Kurt Tucholsky fündig. Der kleine Aufsatz trägt den Titel »Heimat« und bildet den Schlusspunkt seines – über weite Strecken großartigen, schonungslosen – Buches »Deutschland, Deutschland über alles« aus dem Jahre 1929.

Es scheint mir wie ein Ordnungsruf Tucholskys an sich selbst; wie ein Sich-auf-die-Lippen-Beißen, nachdem Ungeheuerliches ausgesprochen wurde; wie ein Erschrecken über das eben in aller Schroffheit Angeführte; wie ein Fremdkörper also.

Der kleine Text ist so schlecht, dass ich ihn kaum kritisieren mag: »Nun haben wir auf vielen Seiten Nein gesagt ... – und nun wollen wir auch einmal Ja sagen. Ja: zu der Landschaft und zu dem Land Deutschland.« Im Folgenden sind »Heimat« und »Deutschland« Synonyme, von übereinstimmender Bedeutung (regionale »Heimat« ist *kein* Gegensatz zur Nation; Heimat ist präzise so groß wie das deutsche Staatsgebiet). Sie zu lieben ist Gefühl, unerklärbar vorbewusst, und liegt – welch schreckliche Formulierung – sogar im Blut: »... es gibt ein Gefühl jenseits aller Politik, und aus diesem Gefühl heraus lieben wir dieses Land. Wir lieben es, weil die Luft so durch die Gassen fließt und nicht anders ..., aus tausend Gründen, die man nicht aufzählen kann, die uns nicht bewusst sind und die doch tief im Blut sitzen.«

Auf der Strecke des Textes erhalten Naturschönheiten nationale Eigenschaften. »... wenn das Mittelländische Meer noch so blau ist ... die *deutsche* See. Und der Buchenwald; und das Moos ... und der kleine Weiher, mitten im Wald, auf dem die Mücken tanzen ...« Das alles können nur »wir« empfinden. »Wir, die wir hier *geboren* sind.«

Für Tucholsky ist keine Liebe größer als die enttäuschte, die Negation des konkreten Deutschland ist ihm der höchste Liebesbeweis für das Abstraktum, für das »eigentliche«, »andere«, »bessere« Deutschland: »Nein, Deutschland steht nicht über allem – niemals. Aber ... hier stehe das Bekenntnis, in das dieses Buch münden soll: Ja, wir lieben dieses Land ... Im Patriotismus lassen wir uns von jedem übertreffen – wir fühlen international. In der Heimatliebe von niemand ... Wir pfeifen auf die Fahnen – aber wir lieben dieses Land ... Wir haben das Recht, Deutschland zu hassen – weil wir es lieben. ... Man hat uns zu berücksichtigen, wenn man von Deutschland spricht. ... Und in allen Gegensätzen steht – unerschütterlich, ohne Fahne, ohne Leierkasten, ohne Sentimentalität und ohne gezücktes Schwert – die stille Liebe zu unserer Heimat.«

Ich erlaube mir eine – zugegeben spekulative – *Erklärung* für all die Sentimentalitäten, die behaupten, keine zu sein: Dieser in so vielen Fragen hellsichtige – den Militarismus hassende, die Selbstaufgabe der Republik geißelnde, die provinzielle Enge verachtende, über »Idyllen« und Familienleben spottende – bürgerliche Linksintellektuelle hat eine Sehnsucht nach anerkannter Zugehörigkeit. Er wünscht sich, dass sein »Austritt aus dem Judentum« (1914), seine »protestantische Taufe« (1918) »geglaubt«, anerkannt wird, wie auch sein akademischer Titel. Er wünscht sich, was nicht im Angebot ist.

Tucholsky kennen – und ich verschweige nicht, welch große Rolle er für mich und viele andere für unsere linke Sozialisation gespielt hat –, heißt eben auch, seine nationalistisch-großdeutschen, von hemmungslos anti-polnischem Rassismus getriebenen Schriften zu kennen, mit denen er im »Pierron« für ein deutsches Oberschlesien hetzte. (Er bereute das später, ich weiß.) Auch wie er über die »Ostjuden« herzog, gehört zu seiner Vita.

Gershom Scholem nannte ihn einen »der begabtesten und widerwärtigsten jüdischen Antisemiten« – und ich neige dazu, dieses Urteil abmildern zu wollen, wie ich es eine fette Spur zu ungerecht finde, dass Walter Benjamin ihn durch Gleichmachung mit Erich Kästner abkanzelt.

Zurück zum hier Verhandelten. Betrachte ich Tucholskys Werk und sein Leben, so scheint mir, dass er im Aufsatz »Heimat« flunkert, unwahr ist, sich etwas (um der »Massenwirksamkeit« willen?) abpresst. Er hatte bekanntlich ab 1924 keine Lust mehr, in Deutschland zu leben. Man muss nur lesen, wie er, den Unterschied zum dumpfen antidemokratischen Deutschland wahrnehmend, von Paris schwärmt. Da ist sein »so zu Hause habe ich mich in Berlin nie gefühlt« noch eine kühle Formulierung im Rahmen seines »Dank an Frankreich«.

Nichts – und nur darum geht es hier – wäre absurder, als ihm »Heimweh«, Sehnsucht nach »deutschen« Seen, Buchenwäldern, Massen andichten zu wollen. Natürlich wurde er distanzierter, kritischer – »auch hier wird mit Wasser gekocht« –, um dennoch, eine demokratisch-antifaschistische Substanz erkennend, anzufügen: »... aber es schmeckt besser, und die Nerven beruhigen sich, man lebt angenehmer«. Berlin schien ihm »einfach nur widerwärtig«.

Selbstzweifel, Leiden unter der eigenen Wirkungslosigkeit, Resignation, Ehe- und Beziehungskrisen, »Eroberungen« und Trennungen, Pläne, in der »großen Form« statt seiner kleinen zu schreiben – all das trieb ihn, wie es sich für einen Intellektuellen seiner Art gehört, um. Heimat nicht. Er wechselte bekanntlich nach Schweden, wo auch keine deutschen Mücken auf deutschen Weihern in deutschen Wäldern tanzen.

Ohne denunziatorische Absicht nannte Rainer Maria Rilke ihn heimatlos in seiner Zeit. Das Schlusskapitel von »Deutschland, Deutschland über alles« erscheint mir wie der Versuch, die dem *Juden* denunziatorisch angehängte Heimatlosigkeit zu dementieren. Dabei kommt es bekanntlich häufig zur Übersoll-Erfüllung.

Kurz nach seinem »Heimat«-Aufsatz, als er die Schlacht gegen das Faschistische verloren sah, sollte er schreiben: »Ich habe mit diesem Land, dessen Sprache ich so wenig wie möglich spreche, nichts mehr zu schaffen ... Ich bin damit fertig.« Seine Weggefährten enttäuschte er damit – und manches seiner Urteile gegen sie war unangemessen.

Jedes hier formulierte Wort über Tucholsky macht nicht vergessen, dass, hätten die Nazis ihn zu fassen gekriegt, sie mit dem Gehassten umgegangen wären wie mit Carl von Ossietzky, Erich Mühsam und den vielen anderen: Sie hätten ihn gefoltert und ermordet.

Heimat als Hoffnung: der Fall Bloch

Wenn Heimatfreunde sich ans Geschäft machen, wird kein Autor als Autorität, als Berufungsinstanz so häufig ins Feld geführt wie Ernst Bloch. Ich habe den Versuch, diese offensichtlich der Legitimation und Gewissensberuhigung dienenden Verweise zu zählen, bei der fünfzigsten Fundstelle aufgegeben. Dass die (Selbst-)Entlastung nahezu immer von Leuten erteilt wird, die sich für Bloch, sein literarisches und philosophisches Werk schon deshalb nicht die Bohne interessieren, weil der als Kommunist galt, versteht sich von selbst.

Es geht um die letzten Sätze des monumentalen Hauptwerks *Das Prinzip Hoffnung*, das Bloch im US-amerikanischen Exil schrieb, in der DDR, wo er damals zunächst als »der Staatsphilosoph« Ansehen genoss, umfangreich bearbeitete und in den fünfziger Jahren im Aufbau-Verlag veröffentlichte. Sie lauten:

Der Mensch lebt noch überall in der Vorgeschichte, ja alles und jedes steht noch vor der Erschaffung der Welt als einer rechten. Die wirkliche Genesis ist nicht am Anfang, sondern am Ende, und sie beginnt erst anzufangen, wenn Gesellschaft und Dasein radikal werden ... Hat (der arbeitende Mensch) sich erfasst und das seine ohne Entäußerung und Entfremdung in realer Demokratie begründet, so entsteht in der Welt etwas, das allen in der Kindheit scheint und worin noch niemand war: Heimat.

Peter Bierl stellte in einer angemessen schroffen Polemik gegen grünen Heimatkult fest, dass Bloch mit »Heimat« »eine Gesellschaft jenseits der Kapitalverwertung im Sinn hatte, eine reale Demokratie ohne entfremdete Arbeit«. Eben »einen Ort, den es nicht gibt und noch nie gegeben hat«. Bierl hat recht, *dieses* Zitat lässt keinen anderen Schluss zu, und man könnte es dabei belassen.

Das will ich nicht. Es tut sich ja zugleich die Frage auf, warum Bloch einen Begriff, der ihm als rechter Kampfbegriff begegnet und geläufig ist, als utopischen einführt. Warum er Heimat sagt statt Kommunismus, Sozialismus, klassenlose Gesellschaft, freie Assoziation der Produzenten, befriedete Gesellschaft, in der man ohne Angst anders sein kann, in der man Schwäche zeigen kann, ohne Stärke zu provozieren... Oder, andersherum gefragt, könnte hier auch ein anderes Wort den Schlusspunkt setzen, sagen wir: Idyll, Geborgenheit, Harmonie, (irdisches) Paradies oder sogar Volksgemeinschaft?

Bloch wählt den Begriff Heimat in erster Linie, weil er selbst konservativen Inhalten verhaftet ist, und in zweiter Linie in taktischer und also untergeordneter Hinsicht, weil er glaubt, so den Reaktionären und Nationalsozialisten effektiver begegnen, ihnen das Wasser abgraben zu können. Was die Nazis als (demagogisch verbogenen) Appell an Gefühle und Sehnsüchte erfolgreich einsetzten, sei durch einen eigenen, linken »Wärmestrom« zu konterkarieren und aufzufangen.

Zur Kenntlichmachung der Differenz verzichte ich auf alle Ausgewogenheit, also den Verweis auf kluge und hellsichtige Überlegungen in Blochs Werk sowie Hinweise auf sympathische, mutige, verständliche Züge seiner persönlichen Biografie. Beides gibt es reichlich.

Blochs Denken ist einer Maxime verpflichtet: »Das Thema der fünf Teile dieses Werks« – schreibt er im Vorwort zum *Prinzip Hoffnung* – sind die Träume vom besseren Leben«, denn »es gibt im Gegenwärtigen, ja im Erinnerten selbst einen Auftrieb und eine Abgebrochenheit, ein Brüten und eine Vorwegnahme von Noch-Nicht-Gewordenem ...« So durchstreift er die Jahrhunderte und findet überall – in der Geschichte der Philosophie wie in den Tagträumen der Menschen; in der Historie des Christentums und speziell bei den Ketzern, bei berühmten Repräsentanten der Macht und sogar in der Welt der Despoten; bei politisch restaurativen Romantikern und bei aufständischen Bauern; bei Karl May und in Märchen, in der Musik und im Theater, in der Entdeckung der Atomkraft – Sehnsüchte und Hoffnungen, die ihm »Motor der Geschichte« zu sein dünken, die jedenfalls Anzeichen in Richtung klassenloser Gesellschaft strebenden, wenn auch unreif artikulierten Wünschens sind. So porträtiert er eine Menschheitsgeschichte, in der – bei aller erfahrenen Unterdrückung, erlittenem Grauen und Siegen der Reaktion – doch die Suche nach Emanzipation, die Welt als eine »rechte« einzurichten, dominant ist, und der nun – mit Marx – zum Durchbruch verholfen werden könne.

Ich lasse ungeklärt, ob Bloch sein Ultimum zum bewegenden »Weltgrund« gemacht hat, dem es als Telos schon innewohnt – ob er also, deterministisch, von einem guten Ende ausging, auf das die Menschheitsgeschichte zulaufe (weil sich auch dieser Kritik Widersprechendes bei ihm findet), und halte an dieser Stelle nur fest, dass Bloch sich selbst zum »militanten Optimisten« erklärt – und dass sein apologetischer Biograf Arno Münster dieses

Bekenntnis wie die größte Tugend, bewundernswerteste Eigenschaft des von ihm Verehrten durch vierhundert Seiten schleppt, wodurch als Zeichen eines wahren Linken nicht nur seine Ungebrochenheit, sondern sein Gut-drauf-Sein und seine untrübbare Zuversicht stilisiert werden. Dietmar Dath (der den inhaltlichen Erkenntniswert von *Prinzip Hoffnung* nicht oberhalb der Bergpredigt ansiedelt, aber Bloch als Literaten schätzt) hat jedenfalls viel auf seiner Seite, wenn er kommentiert, Bloch habe im Zeichen seiner Utopien »versucht, alles, was ihm irgendwie sympathisch war, von der Bergpredigt bis zur Forschungsfreiheit, unter einen begrifflichen Hut zu zwingen«.

Tatsächlich schickt Bloch seine Leser durch ein Wechselbad zwischen einleuchtenden und absurd anmutenden Fundstücken. In seiner (»optimistischen«) Suche nach utopischen Elementen steckt etwas Zwanghaftes. So ist etwa – Bloch hat ein Faible für Tatkraft und Willensstärke – Cäsars Streben nach unsterblichem Ruhm Ausdruck der Emanzipation vom Joch natürlicher Vergänglichkeit. So zitiert er Cäsars Ausruf: »Vierzig Jahre und noch nichts für die Unsterblichkeit getan«, und kommentiert, da »wurde der uns bekannte Cäsar überhaupt erst geboren«. Immerzu müssen wir lernen, dass »im genialen Individuum ... die Inspiration aus dem Auftrag der Zeit ... kommt, der im genialen Individuum sich vernimmt und ... mit dessen Potenz sich potenziert«.

Um das auch »Revolutionäre-Romantische in der deutschen Romantik« zu enthüllen, erzählt Bloch uns von den Jüngern des Turnvaters Jahn: »Turnen statt Drill, ein Sang. Sturm und Drang des Leibs ... Vom gestrafften Rückgrat ... gingen gefährliche Anregungen aus ... und der junge Turner dachte an Freiheit: aufrechter Gang, Kraft, vor dem Feind sich nicht ducken, sondern seinen Mann stehen ...« Kein Kommentar.

Blochs Anliegen will die allzu nüchternen linken Aufklärer, die »Rationalisten«, die fantasielosen Revolutionären lehren, die mystischen, spirituellen, messianischen, religiösen Potenzen utopischen Denkens wahrzunehmen, statt sie zu zerstören. Die Linke habe, fasst sein Biograf den Vorwurf korrekt zusammen, die »geheime Verbindung zwischen frühmittelalterlicher Mystik, Chiliasmus, radikalen Ketzerbewegungen, dem Wiederaufleben urchristlicher Ideen und den frühen revolutionären Bewegungen des Bürgertums unerkannt beiseite geschoben« und so in aktueller Politik versäumt, »ein bebaubares Feld der Utopien dialektisch-produktiv zu besetzen«.

Ich gebe zu, dass »Blochs expressionistisch-mystisch gefärbte Sprache und Metaphysik der Innerlichkeit« mir manche Seiten Bloch-Lektüre quälend macht, was ja auch daran liegen kann, dass ich von beiderseits als unergiebig empfundenen Debatten mit befreiungstheologischen Christen bei den Grünen biografisch geschädigt bin, und mein Ressentiment gegen Befreiungstheologie als letzte Reserve des Vatikans Ungerechtes enthält; dass ich vorschnell am Rad drehe, wenn mir Esoterik begegnet; und dass Bloch unrecht hat, wenn er Thomas Müntzer, den Führer der aufständischen Bauern des frühen 16. Jahrhunderts, einen *heute* wichtigen, belehrenden, inspirierenden Denker nennt. Die »subversive Bibellektüre« und die »*Wiederaufnahme* einer von dem linken, revolutionären Flügel der Reformation mit Thomas Müntzer begründeten Tradition ..., die Prophezeiungen des Alten Testaments in den Dienst der Ermutigung der Unterdrückten in ihrer Revolte gegen die Unterdrücker zu stellen« – solches Unterfangen misst Müntzer eine »Aktualität« bei, die er nicht hat.

Man kann Thomas Müntzer ehren, man kann ihn in seiner Zeit verstehen, man kann größte Sympathie für ihn empfinden, man kann ihn und die erschlagenen Bauern vor dem Vergessenwerden bewahren, man kann ihn als Vorläufer unserer Bestrebungen schätzen, man kann sich bewusst machen, auch auf seinen Schulter zu stehen, sein berühmtes »Alles gehört allen« als große egalitäre Spur der Geschichte wahrnehmen. Aber man kann nichts von ihm und den Kämpfen seiner Zeit *lernen* wollen, einer Zeit ohne Lohnarbeit als prägendes Prinzip, eines Standes der Produktivität, die eine Gleichheit in Armut nicht überschreitbar machte, die also zur Predigt der Askese zwang; einer Zeit vor der Aufklärung, die alles Utopische nur als Gottesreich und Verwirklichung des göttlichen Willens denken konnte (was immer für die »Ungläubigen« schreckliche Konsequenzen zeitigen muss, man denke an das Münster der Wiedertäufer mit seinen despotischen Zügen). Nur die Vergegenwärtigung der (historisch unhintergehbaren) Begrenztheiten, der Nachweis heutiger Möglichkeiten (eines Lebens, das nicht durch Arbeit geprägt ist, zum Beispiel), anderer Sinnlichkeit ohne Mystizismus, wird den frühen Kämpfern für eine bessere Welt gerecht. Alles andere läuft – und damit meine ich Bloch – auf Apologisieren der Askese im Namen des begeisternden Messianismus hinaus.

Schon bis hier – also ohne den Verweis auf extrem konservative Positionen in Blochs Werk – sollte klargeworden sein, wie sehr er und die Kritische Theorie als Antipoden zu betrachten sind, *weil* das Institut für Sozialforschung sich im Angesicht des Nationalsozialismus neu oder jedenfalls erheblich anders positioniert. Hier wird ergründet, wie – von der gesellschaftlichen

Struktur geprägt, im Prozess der Zivilisation geformt – hässliche, autoritä-re, kaputte, brutale, dem Nationalsozialismus Gefolgschaft leistende Men-schen (und eben auch: Proletarier) zur hegemonialen Masse sich formierten. Bloch vernachlässigt das (nicht nur in seinen historischen Bildern) bis an den Rand des Verschweigens. Die einen arbeiten, nach und nach und intensiver, sobald »Auschwitz« – also mehr als »nur« die Diskriminierung der Juden – sichtbar wird, an der Erklärung der zentralen Rolle des Antisemitismus für die Barbarei, während das für Bloch ein Randphänomen ist, das die Zustim-mung zum Nationalsozialismus *nicht* wesentlich motiviert.

Das war der politisch-theoretische Grund, warum das Institut Blochs Hoffnung, es werde ihn im US-amerikanischen Exil anstellen (oder durch eine enge Zusammenarbeit materiell absichern) nicht erfüllt hat. Wir wis-sen heute – was Bloch nicht wusste –, wie schroff und vernichtend das Ur-teil der kritischen Theoretiker über ihn ausfiel. Unangemessen vernichtend, meine ich, denn es zieht den politischen Antagonismus (unter Antifaschis-ten) in persönlich-charakterliche Dimensionen, wenn Adorno an Horkhei-mer schreibt: »Ernst Bloch haben wir einige Male gesehen. Der Eindruck war ungemein negativ. Der Umschlag der Volksfrontkorruption in betriebsa-me Dummheit lässt sich bei keinem deutlicher studieren als bei ihm« (Brief vom 2. August 1938). Der Hintergrund dieser Drastik ist wohl in einem Arti-kel Blochs (von 1937 in der Prager »Neuen Weltbühne«) zu finden, in dem er mit aller erschreckenden Vehemenz die Moskauer Prozesse gegen Karl Radek, Grigori Sokolnikow und Georgi Pjatakow rechtfertigt und auf Kritiker die-ser Prozesse eingeprügelt hatte – nicht nur, weil er zu wenig darüber wusste, sondern auch, weil hier sein »Ideal«, der Sozialismus bzw. die Diktatur des Proletariats, auf dem Spiel stand oder zu stehen schien.

Auch ohne diese wichtige Episode (die auch Benjamin wütend auf sei-nen – ehemaligen – Freund machte) lag zwischen Horkheimers Orientierung in »traditionelle und kritische Theorie« und dem Forschungsansatz Blochs ein unüberwindlicher Graben. Ich will einige Beispiele für Blochs konserva-tives Denken oder die konservativen Facetten in seinem Marx verpflichteten Denken anführen, die plausibel machen, warum er den Begriff Heimat ans Ende seines Hauptwerks setzt.

Bei Bloch, und mehr sollen die Zitate nicht sagen, koexistiert ein enor-mer »technologischer« Fortschrittsoptimismus (dessen zentraler Bezugs-punkt die Sowjetunion ist) mit einer Verklärung des Althergebrachten, des Brauchtums, der Rolle der Frau und Ehe und der Abwehr westlicher Kultur.

Beim »Fortschrittsoptimismus« geht es nicht nur um Begeisterung für die Atomenergie, »die sicher umwälzender als Dampfkraft und Elektrizität zusammen« sich auswirken werde; auch von der Eugenik verspricht er sich utopisches Potenzial: »Alles spricht dafür, auch auf dem Wege *organischer Züchtung* die Aggressionstriebe zu reduzieren, die sozialen zu befördern; so wie der Nährwert des Getreides, die Süßigkeit der Kirschen gesteigert worden ist ...« Die Kühnheit liegt ihm nahe, »den Leib *vor der Geburt bereits in seinen Anlagen richten* zu wollen, gleichsinnig mit der Zeit, wie man eine Uhr richtet«.

Der Gedanke, ob der Mensch, dessen Züchtung missglückt, der gegen Bestehendes rebelliert, behandelt wird wie die zu saure Kirsche, die auf dem Müll landet, drängt sich da schon auf.

Bloch zur Erziehung: »Jede Erziehung ... ist auf ein Leitbild gerichtet, nur von ihm her kommt die Zucht. Die Zucht kommt als laxere, vom zerfallenden ... bürgerlichen Typ, als strengere vom älteren, die noch eine Noblesse nachahmte, die verpflichtet. Die laxe Zucht heißt neuerdings die progressive, also eine, die keinen beißt, aber auch in nichts hineinbeißt.« Wo noch ordentlich gezüchtigt wird – und wer würde da nicht an den Rohrstock denken – herrscht immerhin Noblesse.

Zu Frauen und Ehe: In der bürgerlichen Frauenbewegung gebe es leider einen »unbändigen Männerhass, Neid und den grotesken Willen, zu überbieten«, während im Proletariat so etwas völlig fremd ist, denn »die Arbeiterin fühlt sich nicht von Männern ihrer Schicht benachteiligt«. Deswegen läuft es, wo's noch naturgemäß zugeht, auch so gut: »Mann und Weib werden hier ... als Bild vorgestellt, das eine anmutig und gewährend – gut, das andere kraftvoll und herrschend – gut; erst die Verbindung aber wird Segen an sich. Sie erscheint als Einheit von Zartheit und Strenge, von Huld und Macht, ja von Hure und Prophet.«

Ich muss nicht alles kommentieren.

Zu Brauchtum und Volkstanz: »Die bäuerlichen Gebiete haben diesen Tanz, auch nach der kapitalistischen Vernichtung der Trachten, der Verwüstung der Festbräuche, noch lange erhalten; eine neue sozialistische Heimatliebe belebt ihn wieder und macht ihn wahr.« Oh wie schön, wo Tracht und Tanz und Heimatliebe, ist nur das Attribut »sozialistisch« davormontiert, die kapitalistischen Verwüstungen heilen und alles Hinterwäldlerische adeln. Und gegen den Feind schlechthin verteidigen, den Repräsentanten des Stumpfsinns, die Moderne: »Roheres, Gemeineres, Dümmeres als die Jazztänze seit 1930 ward noch nicht gesehen. Jitterbug, Boogie-Woogie, das ist außer Rand und Band geratener Stumpfsinn, mit einem ihm entsprechenden Gejaule, das die sozusagen tönende Begleitung macht. Solch amerikanische Bewegung erschüttert die westlichen Länder, nicht als Tanz, sondern als Erbrechen.«

So schrecklich die Zitate sind, sollen sie doch nicht Bloch als reaktionären Sack denunzieren. Das ist er nicht, ganz und gar nicht. Klar werden sollte lediglich, dass und warum die »Heimat« weder überraschend noch nur auf Utopisches verweisend das letzte Wort des *Prinzip Hoffnung* ist, sondern ein für sein Werk konstitutiver, sich durch viele Gedanken ziehender Schlüsselbegriff, der sowohl Utopie – »wo noch niemand war« – als auch konservative Utopie und zugleich unmittelbar politische Aufforderung ist, wenn etwa trachtentragende Heimatliebende aufgefordert sind, sich gegen das Roheste und Gemeinste – den Jazz – zu stemmen.

Im Prinzip stimmt meiner These auch das *Bloch-Wörterbuch*/Kapitel Heimat zu, wenn Gerd Koch darin schreibt, beim Philosophen gebe es »Schnittmengen zwischen herkömmlichem Heimat-Verständnis und Blochs neuem Verständnis« und Bloch habe, über alle drei Bände, »die gut proportionierte, heimatgewordene und heimatbildende Ordnung eines ›richtigen Leben im richtigen‹ beschrieben«. All diese besinnlichen Aufsätze – akademisch-theologischen Ansprüchen genügend und also langweilig (das gilt auch für die neue Ausgabe des »Argument« Nummer 325) – laufen immer auf höchst aktuelle politische Positionierungen zu. Meist unter Hinweis auf Blochs Verdienst, nicht nur negatorisch zu argumentieren. »Anders als bei der schlichten Kritik« (Kritik muss zwanghaft als schlicht denunziert werden) »des Bestehenden wird hier mithilfe von Utopien die Veränderlichkeit der Zustände aufgedeckt«, heißt es etwa im *Bloch-Wörterbuch*, um dann sogleich schon mal einiges Triviale zur Utopie zu verklären: Die »Lehre vom guten, richtigen Leben« könne »mittels des Blochschen Heimatdenkens Konturen und perspektivische Prozessualität bekommen. Genannt sei hier die Idee einer *good governance*, verbunden mit der Strategie von *empowerment*, mit persönlichem *self esteem* und innerstaatlicher *self-reliance*.« Das ist so konventionell, so geeignet für eine Uno-Resolution ohne Gegenstimmen, so allgegenwärtiges Geplapper, dass es keiner höheren philosophischen Weihen bedarf.

Blochs Apologeten – so umsichtig sie Schwächen seines Hauptwerks überdenken – müssen zwanghaft seinen Optimismus teilen, ihn zum Mutmacher stilisieren und – dem notorischen Gestus des Bohrens dicker Bretter huldigend und die Phrase der jeder historischen Situation innewohnenden Chancen und Gefahren dreschend – immer gewiss sein, dass faschistoider Vormarsch und »Entsozialisierung der Hoffnung nicht das letzte Wort« sind, weil »Occupy Wall Street und die jüngsten Wahlkampagnen von Sanders, Corbyn und Mélenchon zeigen, (wie) linke Aufbruchsbewegungen auch die Ausprägungen der Hoffnung revolutionieren« (Jan Rehmann in »Argument«). Vor geraumer Zeit hätte hier Alexis Tsipras gewiss nicht gefehlt. Und warum fehlt Wagenknecht?

Da stört kein Nationalismus, kein Keynesianismus (der ja wirklich nicht die klassenlose Gesellschaft anstrebt) und kein Antisemitismus; da stört die offensichtliche Idiotie des bewunderten Slogans »We are the 99 Percent« nicht.

Da liest man – um dem eigenen Konformismus Weihe zu verleihen – noch einmal Bloch und Gramsci in Kombination, denn unterhalb des lächerlichen Anspruchs, wie Linke nun endlich »hegemoniefähig werden«, übte man ja nur »schlichte Kritik«. Je kleiner der eigene Kreis, desto überbordender die Fantasie.

Bloch ist gerade dort besonders irrlichternd, wo er den Nationalsozialisten (beziehungsweise einem Großteil ihres Anhangs) einen Anteil progressiver Sehnsucht andichtet. Und genau das – in sehr veränderter Form und kaum noch mystisch aufgeladen – ist heute allgegenwärtig, ist in der Substanz konformistisch. Zu Blochs Schrift *Erbschaft dieser Zeit* von 1935 heißt es in »Argument«, vor dem Hintergrund des unvollendeten Projekts realer Demokratie »erweist sich der Rechtspopulismus als ›schiefer Statthalter‹ realer Demokratie; er zeigt als Bürgerprotest ein Defizit von echter Mitsprache an, verspricht ein Mehr an direkter Demokratie und pervertiert sie zugleich … als im Kern rassistisches Programm«. Diese Pervertierung dürfe »aber nicht dazu führen, die Ängste und Sorgen der sogenannten ›einfachen Leute‹ angesichts der Flüchtlinge … als Ausdruck rassistischer Vorurteile, wenn nicht gar eines blanken Neofaschismus abzustempeln«. Statt Nazis Nazis zu nennen, solle man »sich vor allem auf das ungleichzeitige und ›rebellisch schiefe‹ Widersprechen der ›gestauten Wut‹ (Bloch in *Erbschaft dieser Zeit*) konzentrieren«.

Tatsächlich ist, was man heute in jeder Talkshow zu hören bekommt, eine zentrale Denkfigur Blochs. Das Resultat meines Exkurses wird sein, dass Bloch seinen Anhängern wirklich »gehört« – und das meint nicht nur »Argument« und Oskar Negt, sondern durchaus auch viele konformistisch-konservativere Autoren wie etwa Manfred Klein (*Heimat als Manifestation des Noch-Nicht bei Ernst Bloch*, 2007).

In *Erbschaft dieser Zeit* kritisiert Bloch die marxistische Linke – in erster Linie die KPD, der er sich verbunden fühlt – und gibt ihr eine Mitschuld am Sieg der NSDAP. Sie sei zu analytisch-kalt, zu mechanisch-materialistisch gewesen, habe »Sehnsüchte, unterdrückte Wünsche und Fantasien« bäuerlicher Schichten übersehen, habe das »Aufscheinen von Zukunftsträchtigem im Vergangenen« nicht erkannt, habe der reaktionären Mystik eines Erik Jan Hanussen (ein als »Hellseher« reisender Sympathisant der NSDAP) nicht die progressive des Mystikers Meister Eckhart (ein Theologe des 13. Jahrhunderts) entgegengestellt, habe das »Irrationale« verworfen, statt es zu entgiften, habe an »kleinbürgerlichen Wunschträumen und angestauten und unterdrückten Nostalgien vorbeigezielt«, habe »die Massenfantasie unterernährt«, habe »spätmittelalterliche Mystik, Chiliasmus, radikale Ketzerbewegungen ... unerkannt beiseite gestoßen«, war – wie sein Biograf zusammenfasst – »allzusehr von der ›wissenschaftlichen‹ Wahrheit der marxistischen Kritik an der politischen Ökonomie fasziniert und zu stark auf die magische Kraft von Zahlen fixiert«.

Den Nazis seien deshalb Emotionen zugeflogen. Dies umso mehr, als sie »schwindelhaft betrogen«, »Fälschung, Falschmünzerei und Missbrauch betrieben«, »Diebstahl in den größten Ausmaßen«, täuschten, verführten, usw. Kern dieses Betrugs sei die verzerrte Übernahme von Symbolen, Kampfliedern, Fahnen, Ritualen der Kommunisten: »Was die roten Frontkämpfer begonnen hatten: den Wald von Fahnen, den Einmarsch in den Saal, genau das machten die Nazis nach.« Es sei jedoch davon auszugehen, dass die Betrogenen und Verführten (bzw. Teile von ihnen), da ihre mystischen und irrationalen Hoffnungen Fortschrittliches enthielten und absehbar enttäuscht würden, sich gegen die Nazis stellten, denen ihr ideologisches Konstrukt auf die Füße fallen würde.

In einem späteren Gespräch (Traub/Wieser: »Gespräche mit Ernst Bloch«) bebildert Bloch seinen Standpunkt an einer Großveranstaltung im Sportpalast, offenbar gemeinsam durchgeführt von KPD und NSDAP. Der KPD-Redner habe von »Grundwiderspruch und Durchschnittsprofitrate« gesprochen, »die schwierigsten Partien aus dem ›Kapital‹ und immer neue Zahlen. Die Versammelten verstanden kein Wort und hörten ihm nur sehr gelangweilt zu. Der Beifall war mäßig und mehr als matt. Dann kam der Nazi ... Er schleuderte dem Kommunisten ein ›Zahlen, Zahlen und nichts als Zahlen‹ entgegen, so habe ›der Satz unseres Führers wieder eine neue Bestätigung gefunden ... Kommunismus und Kapitalismus sind die Kehrseite der gleichen Medaille‹ ... dann ... schrie er mit Stentorstimme ganz langsam ins

Publikum hinein: ›Ich aber spreche zu euch in höherem Auftrag!‹ Sofort war der Stromkreis geschlossen: der Übergang zu Hitler!« Die »Verführung« war gelungen, der Saal tobte vor Begeisterung – und Bloch litt darunter.

Ich kann natürlich nicht beurteilen, ob es genau so war oder ob der sich erinnernde Bloch hier mit einer Karikatur arbeitet. Dennoch ein paar schnelle Fragen: War es überhaupt richtig, solche gemeinsamen Veranstaltungen mit Nazis durchzuführen; worum ging es bei dieser? Hatte sie womöglich mit einem gemeinsam geplanten Streik zu tun? Selbst wenn nicht, relativieren doch solche Veranstaltungen die absolute Feindschaft. Wer hat da dem Nazi so frenetisch zugejubelt? Nationalsozialisten oder unbefangene, einfach mal so am Disput interessierte Arbeiter? Wie erreichbar sind Menschen noch für aufgeklärte Argumente, die bei »höherer Auftrag« und »Führer« in Jubel ausbrechen? Es gibt eben *auch* Situationen, da sind Revolutionäre chancenlos; oder hat Luxemburg im Sommer 1914 irgendetwas falsch gemacht? Bloch argumentiert sich in eine totale Ferne zu politischen Fragen der Zeit, wie solchen: Hatten die Kommunisten nicht zu viele Rituale (den Gleichschritt, den Einmarsch des Rotfrontkämpferbunds, den Fackelmarsch) der Rechten übernommen und erst recht politisch-mystifizierende wie den Nationalismus (die »nationale Errettung« Deutschlands, den Opfermythos »Versailles«, dem Bloch reichlich Zucker gab, die »Schlageter-Linie«, die »kommunistischen« Gebietsansprüche gegen Polen)? Nicht einmal die Sozialfaschismus-These, die Opposition dagegen durch die KPDO um Heinrich Brandler und August Thalheimer, schließlich »Einheitsfront« und »Volksfront« kommen vor. Alles dreht sich um einen kalten, massenfernen Analyse- und Zahlenfetischisten und einen die Herzen ergreifenden Nazi.

Ob ich bezweifle, dass der kanonisierte, auf »kurze Lehrgänge« heruntergebrachte »Historische Materialismus« manche Kritik Blochs »wahr« macht? Nein, das bezweifle ich nicht. Aber Bloch belässt es nicht dabei, er sucht »Anknüpfungspunkte« und die Not macht seltsame Bettgenossen:

»Selbst so ein absurd und undemokratisch erscheinendes Gebilde wie der *Führertraum*«, schreibt Bloch, »stellt sich in der Praxis – mutatis mutandis – nicht als so dumm dar.« Die Massen »wünschen ein Gesicht an der Spitze, das sie hinreißt ... Einen Steuermann, dem sie vertrauen«, damit sie nicht »jeden Augenblick die Richtung prüfen müssen«. Das hat schon beträchtliche Entfernung zu »Alle Macht den Räten«, frei assoziierten Produzenten oder Regularien der Pariser Commune – es plausibilisiert zugleich die Selbstaufgabe der Geführten, ihre freiwillige Entmachtung – wenn auch unter einem falschen Führer.

Ebenso krass falsch ist Blochs Ambition, den Nazis ihren Terminus »Drittes Reich« entwinden zu wollen – ihn in eine »eigentlich« fortschrittliche Tradition zurückzuholen –, durch den Nachweis, hier handle es sich um »Diebstahl« einer Utopie der chiliastisch-christlichen Ketzerbewegung des 13. bis 15. Jahrhunderts und der Lehren des Joachim von Fiore.

Indem Bloch in gewisser Weise das Unübersehbare am Nationalsozialismus, den Antisemitismus (Heinrich von Treitschkes »Die Juden sind unser Unglück« hing über zahlreichen Versammlungen) und Antikommunismus als zweitrangig, randständig für deren Wirkungsmacht erklärte, konnte er erst die Massen, die ihm folgten, als bloß Getäuschte und Verführte, als im Kern naive, unbeschädigte, verblendet Glücksuchende stilisieren: »*Nicht* daraus erklärt sich die anhaltende Kraft des Hitlerischen Programms, dass hier Befreiung von Juden, der Börse, der Zinsknechtschaft des internationalen Kapitals, von dem vaterlandsfeindlichen internationalen Marxismus versprochen wird« – das alles ist zweitrangig! –, sondern weil er »eine Truppe mit Mythos geschaffen« habe, mit »unbürgerlicher Zucht«, mit »säkularisierter Ethik der Ritterorden« mit der »Tugend der Entscheidung statt der Feigheit der Bourgeoisie«.

Ich will nicht den Eindruck erwecken, Bloch stelle die »Tugend der Entscheidung« über alle Inhalte, aber die Portion »Verständnis«, die hier anklingt, schlägt schier in Bewunderung um, wenn es um die Nazi-Jugend geht. Bloch sieht im »Stoßtrupp Hitlers und seiner Offiziere *gute, kräftige* Jugend, roh und von dem scheußlichen Hintergrund der Nachläufer infiziert, aber im Ganzen *reinen Willens*. Von der Börsenzeit, der Depression des verlorenen Krieges, der Ideallosigkeit dieser stumpfen Republik angeekelt ... Immerhin trägt die Hitlerjugend zurzeit die einzige ›revolutionäre‹ Bewegung in Deutschland ... Ein Teil des Faschismus in Deutschland ist gleichsam der schiefe Statthalter der Revolution.«

Deutlicher kann ein Fehlurteil kaum ausfallen. Es ist kein zufälliges, es wohnt der gesamten Hoffnung des Philosophen inne, im faschistischen »Irrationalismus« und verformten »Mystizismus« nicht die negative Aufhebung der bürgerlich-demokratischen Ordnung zu sehen, sondern den »Anknüpfungspunkt« für zukünftig Gemeinsames; denn wenn der rechte Irrationalismus »gegenwärtig den Anschluss in die Revolution hindert«, gelte »doch ebenso, (dass er) dem Kapitalismus auf Dauer nicht günstig bleibt«.

Den »Betrogenen«, »Verführten« dieser guten, kräftigen Jugend (eigentlich) reinen Willens sei deshalb vor Augen zu führen, dass ihr und sein Ideal andernorts schon verwirklicht ist: »Wie anders hat Lenins Russland bereits Heimat und Folklore einmontiert (die urkommunistischen Gentes scheinen hindurch); nicht nur spießig oder angesetzt zeigen sich hier *organische* Kräfte der Familie, die *organisch*-historisch gebliebenen der *Nation* umfunktioniert und in den Dienst der« – tataaa! – »*Volksgemeinschaft* gestellt, aber einer echten.«

Ob Bloch die gesellschaftlichen Realitäten in der Sowjetunion kannte oder romantisierend-projektiv formuliert: Er *will* den Schlüsselbegriff des Nationalsozialismus diesem nicht überlassen, weil ihm die Volksgemeinschaft selbst, nach Überwindung des Privateigentums an Produktionsmitteln, als Verwirklichung all der *organischen* Kräfte wie Heimat, Brauchtum, Familie und Nation erscheint. Zur »echten« Volksgemeinschaft gehört, dass jeder, der ihre organische Natürlichkeit infrage stellt (das kann als politische Artikulation kosmopolitischer oder familienfeindlicher Standpunkte in kommunistischer Absicht ebenso passieren wie in »querulantischer«, außenseiterischer Unlust am Sicheinfügen), nicht legitimer Opponent, sondern strafwürdiger Feind der harmonischen Ordnung ist. Diese natürlich-harmonische Ordnung hat Bloch selbstverständlich ohne Antisemitismus und Rassismus gedacht (ob das vorstellbar ist, bleibt an dieser Stelle unerörtert), aber eben als Homogenität. So schrieb er, erst »die Internationale« lasse »das Nationale von sich Besitz ergreifen«, »macht aus schmalen und ideologiehaften ›Volksseelen‹ *Volksleiber* der Nähe«. Es gibt gute Gründe, »Volksleiber« zu fürchten.

Ich widerstehe der Versuchung zu behaupten, auch »Volksgemeinschaft« hätte das letzte Wort von *Prinzip Hoffnung* sein können. Dafür zieht sich »Heimat« zu systematisch durchs Werk, bringt sich auf der Strecke als Schlusspunkt in Stellung. Aber Heimat und Volksgemeinschaft wohnen schon sehr nahe beieinander.

(Dank an Christian Schmidt für Material und Diskussionen über Ernst Bloch.)

Faschistoider Vormarsch

Thomas Ebermann in **konkret 3 & 4/17**

Teil 1

Aus welcher Perspektive spreche ich? Ich spreche aus der Perspektive einer analytischen und prognostischen Überforderung. Es ist das begründete Gefühl, das ich von 1989 und den Folgejahren kenne. Damals: Der wiedergewonnene Zugriff des Kapitalismus auf die ganze Welt, das Entstehen einer großen Zahl neuer Staaten, oft in blutigen Kämpfen und nach völkischen Kriterien. Dann die deutsche Wiedervereinigung, die ich kurz zuvor noch für einen unrealistischen Traum von Revanchisten gehalten hatte, der Massenjubel und die »Wir sind *ein* Volk«-Rufe, die in sich bargen, gegen jene wüten zu wollen, die nicht zum Volk gehörten, was sich in Pogromen wie in Rostock oder Hoyerswerda, in Morden wie in Mölln oder Solingen entlud und in der faktischen Abschaffung des Asylrechts politische Bestätigung fand. Damals blickte man in einen Abgrund, wusste nicht, ob es ein Auffangnetz gäbe, und wurde später, als alles doch wieder als irgendwie »normal« galt, des Alarmismus und der Panikmache bezichtigt. Akzeptiert habe ich diese Anschuldigungen nie, denn was man sieht, sieht man, auch wenn es nicht immer aus seiner Latenz sich voll entfaltet.

Genauso bin ich heute wieder alarmiert; da ist etwas in der »westlichen Welt« auf dem Vormarsch, das ich das Faschistoide nennen will, weil das Wort ganz gut ausdrückt, dass es davon recht unterschiedliche Ausprägungen geben kann.

Was für ein Jahr 2016 mit Brexit, Trump, der Entwicklung in der Türkei und auf den Philippinen, wo das Volk einen Massenmörder auf den Schultern trägt. Der unaufhaltbar scheinende Aufstieg der AfD und die Übernahme ihrer Forderungen und ihres Jargons durch die etablierte Politik. Das systematische Außerkraftsetzen sogenannter europäischer Werte in Polen, Ungarn und weiteren Staaten. Und natürlich die möglichen Wahlsiege von Rechtsradikalen und Rassisten in Italien, Frankreich, Österreich, den Niederlanden, der daraus dann wohl resultierende Zerfall der EU.

Neu ist für mich, dass ich nicht mehr wie bisher denken kann, die wirklich ökonomisch Mächtigen – und nur die verdienen das Prädikat »Elite« – hätten eine Art Hoheit oder Macht zu bestimmen, wer das Regierungspersonal stellt, wer den ideellen Gesamtkapitalisten organisiert, und also auch die Macht festzulegen, wer als ungeeignet aussortiert und in die Opposition verbannt wird. Dieses Bild – das nicht Beruhigung enthielt, aber Berechenbarkeit – ist mit Brexit und Trump zerstört, und, so scheint mir, geopolitische und ökonomische Interessen, die als Interessen immerhin analysierbar waren, verlieren an Gewicht im Verhältnis zum Wahnhaften.

Zweitens, und das betrifft Deutschland, fällt weg, was wir als notwendige Rücksichtnahme auf die Interessen der Exportwirtschaft bezeichnet haben, dieses Sich-so-weit-Zügeln, dass das berühmte Ansehen im Ausland jedenfalls – oft kontrafaktisch – Berücksichtigung fand, durch Mahnmal und Vergangenheitsbewältigung oder durch »Aufstände der Anständigen«. Das politisch argwöhnende Ausland gibt es heute fast nicht mehr; wenn Daimler Probleme hat, dann nicht aus diesem Grund.

Ich gebe also zu, mir fällt oft kein Gegenargument ein, wenn Autoren, die ich sehr schätze, negative und düstere Prognosen aufstellen über die Folgen eines Handelskriegs zwischen den USA und China (das dann vielleicht mit Russland verbunden sein könnte) und wenn sie auch den großen Krieg in der Logik des Wahnhaften antizipieren oder feststellen, dass nur ein Bruchteil der wirtschaftlichen Einbrüche aus der Zeit zwischen 1928 und 1932 – seien wir bescheiden, sagen wir: ein Rückgang des deutschen Exports um zwanzig Prozent – heute all die dünne Fassade zum Einsturz bringen könnte. Hermann Gremliza formulierte kürzlich: »Wie die Volksseele bei ähnlicher Lage 2017 brodelte, lässt sich gar nicht übertreiben.« Dagegen können nur notorisch sonnige Gemüter Einspruch erheben.

Mein Text streift die geopolitischen Fragen und möglichen ökonomischen Krisen nur am Rande, und auch der Islamismus, der islamistische Terror und die Bedeutung des sogenannten Kriegs gegen den Terror kommen kaum vor. Es geht mir zunächst um die rechteste Entwicklung im Lager der sich Linke Nennenden, um den völkischen Nationalismus und die Euro-Zerschlagung, danach um ihre öffentlich als Antipoden wahrgenommenen Gegner des Zusammenschlusses DiEM25 (»Democracy in Europe Movement 2025«). Anschließend werde ich zwei typische Phänomene der Anpassung an beziehungsweise Versöhnung mit faschistoiden Entwicklungen an zwei Büchern exemplarisch besprechen. In einem zweiten Teil setze ich mich mit dem vieldiskutierten Didier Eribon auseinander und danach mit einem Buch, das, scheinbar oder wirklich an Eribon anknüpfend, die Schuld der Linken am Aufstieg des Faschistoiden zum Thema hat. Gegen Ende will ich die Tendenz, angesichts der Gefahren in den Konsens der Demokraten oder die

Verteidigung des Bestehenden zu fliehen, kritisieren. Natürlich kommt das Beste zum Schluss, also Resümee und die ultimative Beantwortung der Frage: »Was tun?«. Bei allem, was ich hier diskutiere, habe ich nicht nach Skurrilitäten gesucht, sondern nach Exemplarischem. Und denkt immer daran: Selbst Menschen, die an Verfolgungswahn leiden, werden manchmal verfolgt.

Es formiert sich innerhalb der sich selbst Linke Titulierenden europaweit ein Lager, das ich für den Kristallisationskern einer Entwicklung nach ganz weit rechts halte. Solche Formierungsprozesse weisen, wie wir wissen, immer Verästelungen auf, denen ich im Detail aber hier nicht folgen will. Zentrales Anliegen oder einziger Lebenszweck dieser Formierung ist die Zerschlagung von Euro und EU, die Rückkehr zur Kleinstaaterei mit eigener Notenpresse und homogenen Völkern, ihre Kampfbegriffe sind »nationale Souveränität« und »Volkssouveränität«, also etwas, das auch der Untertitel des wichtigsten Printmediums des Rechtsradikalismus in Deutschland, der Zeitschrift »Compact«, formuliert: »Magazin für Souveränität«.

Meilensteine dieser Formierung waren die 2014 gegründete »International Coordination of Left and Popular Forces against the Euro«, die daraus hervorgegangene Initiative »Lexit« oder der sogenannte »Plan-B-Prozess«, angestoßen durch eine gemeinsame Erklärung etwa von Stefano Fassina, Oskar Lafontaine, Jean-Luc Mélenchon (dem Präsidentschaftskandidaten der französischen Parti de Gauche) und auch Yanis Varoufakis, der sich inzwischen davon verabschiedet hat, im Herbst 2015. Es gab eine größere Konferenz dazu vor einem Jahr in Paris, und im Herbst traf man sich als »No Euro«-Forum in der Toskana sowie kürzlich, im November, in Kopenhagen zu einer »Plan-B-Konferenz«, an der Vertreter von über 20 »linken« Parteien sowie Vertreter von sozialen Bewegungen und NGO teilgenommen haben.

Die Basisorganisation im deutschsprachigen Raum ist die Initiative »Eurexit«; zu den Erstunterzeichnern ihres Manifests gehören Deutschlands vielleicht bekanntester Keynesianer, der ehemalige Staatssekretär im Finanzministerium, Heiner Flassbeck, sein enger Weggefährte – und als Minister mal sein Vorgesetzter – Oskar Lafontaine, aber auch Peter Wahl von Attac und weitere Antiglobalisierungsaktivisten, zahlreiche Gewerkschaftsfunktionäre und Lehrstuhlinhaber sowie der Semi-Prominentenflügel der Linkspartei, der wie etwa Inge Höger der Antikapitalistischen Plattform angehört, oder auch Diether Dehm. Man habe erfreulich großen Zulauf, und man habe geschichtlichen Rückenwind, denn »die Völker (bringen) den Wunsch nach Wiedergewinnung der verlorenen oder verratenen nationalen und Volkssouveränität zum Ausdruck« (Eurexit-Manifest). Im Appell des »No Euro International Forums« klingt das so: »Die Pro-EU-Eliten (…) werden ihren Platz soziopolitischen Kräften der Veränderung abtreten müssen. Diese werden morgen gefordert sein, die verschiedenen Nationen zu führen, die ihre Souveränität wiedergewonnen haben.« Nötig sei, »eine Einheitsfront zur Sprengung des europäischen ›Gefängnisses‹ zu bilden. Jedes Volk kann so seine Souveränität und Unabhängigkeit gewinnen.«

Was hier Einheitsfront genannt wird, ist ein anderes Wort für Querfront. Man sucht das Bündnis mit rechten und mit rechtsextremen Kräften, indem man diesen Fortschrittlichkeit attestiert. Mit Blick auf Italien und Beppe Grillos Fünf-Sterne-Bewegung lese ich zum Beispiel in so einer Konferenzauswertung: »Trotz ihrer verschiedenen Tendenzen repräsentiert sie den Zorn gegen das nationale und europäische Establishment, der hier auch sehr klare und linke Wortführer findet.« An dieser Stelle könnte ich nun schlicht rassistische Sprüche von Beppe Grillo in großer Zahl auflisten, aber es soll hier genügen, daran zu erinnern, mit wem die Fünf Sterne im Europaparlament eine Fraktionsgemeinschaft bilden: mit der rassistischen Ukip von Nigel Farage, mit den rechtsradikalen Schwedendemokraten und mit Frau Storch von der AfD.

Ebenfalls einen starken Trend zur Einheits- oder Querfront muss man in Frankreich und mit Blick auf den Front National konstatieren. Nimmt man zum Beispiel ein Video des sich selbst links nennenden Paul Steinhardt – kein unwichtiger Mensch, er gibt mit Heiner Flassbeck zusammen die Internetzeitschrift »Makroskop« heraus und war Redner beim »No Euro«-Forum –, hört man ihn referieren: »Das Wirtschaftsprogramm des Front National ist 100 Prozent keynesianisch« und, auch das ist wörtlich: »Der Front National hat ein Wirtschaftsprogramm, dem ich 100-prozentig zustimmen würde.« In der Logik dieser Schwärmereien für Nazis in den höchsten Tönen – der Front National hat ja ein völkisch-rassistisch überformtes Wirtschaftsprogramm, in dem die Anhebung des Mindestlohns, die Verteidigung des Renteneintrittsalters, Protektionismus, Teilverstaatlichung des Finanzsektors, Investitionsprogramme vorkommen – liegt die Wahlempfehlung für den Front National spätestens im zweiten Wahlgang, was hiermit von mir prognostiziert wird. Die Vertreter des »No Euro«-Lagers in Frankreich basteln an dieser Option schon lange. Jacques Sapir etwa, einer der prominentesten Repräsentanten dieses Lagers, schrieb am 11. Oktober in seinem Blog: »Ich sprach von der Bildung einer nationalen Befreiungsfront. Diese Front könnte eine Reihe von Parteien einschließen, denn das politische Spektrum der Euro-Gegner ist sehr weit. Wie dem auch sei, der Kampf gegen den Euro muss zu Annäherungen führen, sogar mit Leuten, mit denen man schwerwiegende Meinungsverschiedenheiten hat.« Übrigens heißt der Coautor von Sapirs Buch *Szenarien eines Euro-Austritts* Philippe Murer und ist inzwischen offizieller Wirtschaftsberater von Marine Le Pen.

Das sind Vorposten, die künftiges Terrain sondieren. Aber es ist schon sehr zielstrebig, auch mit verteilten Rollen abgestimmt, was da in Richtung völkischer Nationalismus und Rassismus aufgebaut wird. Sahra Wagenknecht zum Beispiel formuliert in ihren Büchern ja nicht nur: »Eine bessere Idee wäre, den demokratischen Staaten ihre eigene Währung zurückzugeben«, sondern sie bekennt sich offensiv zum homogenen Volk im kleinen, zum Erschrecken der Schweizer auch unbedingt einsprachigen Staat. Ich zitiere: »Je größer, inhomogener und unübersichtlicher eine politische Einheit ist, desto weniger funktioniert das. Kommen dann noch Unterschiede in Sprache und Kultur hinzu, ist es ein aussichtsloses Unterfangen.« Das ist an reaktionärem Gehalt kaum zu übertreffen und legitimiert alles, was es an Staatszerfall nach 1990 so gegeben hat, von Usbekistan bis zum Kosovo.

Die Strömung um Wagenknecht und Lafontaine hat die »Neustart-Konferenz« im September 2016 in Berlin dominiert und strukturiert, und die Entschlossenheit und Zielstrebigkeit, von der ich sprach, spiegeln sich etwa in der Einladung Stefano Fassinas, dem ehemaligen Vizefinanzminister Italiens und »No Euro«-Promi, der ebenfalls zur »Desintegration des Euro eine breite Allianz nationaler Befreiungsfronten von progressiven bis zu rechten Parteien vorschlägt«.

Die wichtigste Verstärkung hat sich diese Szene aber wohl mit Jean-Luc Mélenchon, Chef und Präsidentschaftskandidat der Parti de Gauche aus Frankreich, nach Berlin geholt. Er stilisiert sich auf seinem Blog als unzertrennlicher Freund Lafontaines und verkündete in Berlin erneut sein wichtigstes Credo: »Die Souveränität der Völker ist das höchste Gut.« Der Satz hat es in sich, denn mit ihm ist alles andere wieder in die zweite, dritte, vierte Reihe verschoben: das gute Leben, das Quantum der arbeitsfreien Zeit, die sichere materielle Ausstattung des Lebens oder das sexuell und/oder müßiggängerisch Auf-seine-Kosten-Kommen. Alles platziert sich hinter der Souveränität, und zwar der Völker, also einer angeblich aus Kultur und Sprache – weil Blut ein bisschen aus der Mode gekommen ist – bestehenden Homogenität, der man nicht entfliehen kann, der man schicksalhaft verhaftet ist.

Ich erlaube mir eine weitere Abschweifung zur französischen Linken: Sebastian Chwala schreibt in seinem lesenswerten Buch über den Front National (Köln 2015), von einem Großteil der französischen Linken werde »ein Mangel an nationaler Souveränität als entscheidendes Problem konstatiert«. Es »fühlen sich viele Linke in geradezu mythischer Weise mit der Nation verbunden. Hier bestehen Anknüpfungspunkte für die Agitation des Front National. Auch für Jean-Luc Mélenchon könnte das Ergebnis demokratischer Erneuerung nur die Stärkung der Rolle Frankreichs in der Welt sein.« Es ist hier wichtig, im Kopf zu behalten, dass die Kämpfer für nationale Souveränität und gegen Globalismus und Fremdbestimmtheit als Kämpfer für intakte Heimat mit heimeligem Binnenmarkt und ihn belieferndem heimeligem Mittelstand Reklame machen und zugleich *ihrer* Nation mehr Weltgeltung verschaffen wollen. Globalisierungskritik bedeutet also fast immer nur, dass die Falschen das Weltmarktgeschehen beherrschen. Das spielte auch beim Brexit eine Rolle, der die euphorische Aufbruchstimmung des Eurexit-Lagers regelrecht beflügelt hat.

Mal verständnisvoll billigend, dann eher verschweigend oder in einen Nebensatz verdrängt, wurden all die offensichtlich reaktionären Ansichten der Brexit-Zustimmer, die Immigration, Sozialliberalismus, Modernität und Feminismus für Kräfte des Bösen halten, ihren Ressentiments Geltung verschaffen wollen und die zugleich von den guten alten Extraprofiten aus dem britischen Weltreich träumen. In meinem Urlaubsort Graz zum Beispiel teilte mir die Kommunistische Partei Österreichs, die in der Stadt 20 Prozent der Wählerstimmen hat und im Landtag sitzt, mit: »Vor allem die grenzenlose Arbeitsmigration hat das Fass zum Überlaufen gebracht«; deshalb und auch weil Österreich dringend die EU verlassen müsse, »begrüßt die steirische KPÖ die Entscheidung der britischen Wählerinnen und Wähler«. Wilhelm Langthaler, Erstunterzeichner des Eurexit-Manifests aus Wien, verkündete ein »großartiges Resultat« und »einen Sieg der englischen Unterklassen«. Dabei kann jeder wissen, dass nichts, was die unteren Schichten Großbritanniens an Verschlechterungen erlitten haben, durch irgendwelche Eliten in Brüssel verursacht wurde. Nach dem Brexit wird es ihnen nicht besser gehen, sondern schlechter.

Noam Chomsky, den ich wirklich nur sehr selten als Zeugen zitieren mag, wird mit der Stoßrichtung seines Gedankens recht haben, wenn er formuliert: »Diese Politik hat ihren Ursprung allerdings nicht in der EU, sondern in Großbritannien selbst. Die EU hat nicht Margaret Thatcher und jene Politiker, die ihr folgten, gewählt. Teilweise hat die EU die Zerstörung der britischen Arbeiterklasse sogar erschwert und behindert.« Und nun hat sich der angeblich linke Hoffnungsträger und Labour-Vorsitzende Jeremy Corbyn in einer, wie es hieß, 180-Grad-Wendung gegen offene Grenzen und Freizügigkeit positioniert. Auch wenn ich biologistische Formeln verabscheue, fällt mir dazu nur ein: Schon wieder wächst zusammen, was zusammengehört.

Ich halte es für kaum ermittelbar, wie hoch der Anteil unter den für »Leave« Votierenden ist, der sich von dieser Entscheidung materielle Verbesserungen seiner Lage versprochen hat und der nun, könnte man sagen, irgendwie betrogen oder enttäuscht sein wird – wie hoch im Verhältnis zu jenen, die auch um den Preis ökonomischer Nachteile ihren wahnhaften Hass auf Polen und Dunkelhäutige ausleben und staatlich exekutiert sehen wollen. Der Wahn impliziert ja immer auch die Bereitschaft, materielle Nachteile in Kauf zu nehmen für den immateriellen Lohn, andere drangsaliert und leidend zu sehen. Im Eurexit-Lager wimmelt es jedenfalls von Stellungnahmen, die auch den Trump-Wählern edelste Motive unterstellen: »Sie haben Veränderung gewählt«, seien »die, die die Nase voll haben von einem ›Weiter so‹«, sagt Sahra Wagenknecht, und in »Makroskop« lese ich von »Amerikanern, die mit ihren Lebensumständen aus guten Gründen unzufrieden sind«, die einen Staat wollen, der »die verrottete Infrastruktur in den USA zu sanieren verspricht«, »der das Gemeinwohl im Blick hat« und so weiter, deshalb gelte: »Trumps Wahl gibt Anlass zur Hoffnung.«

Das ist alles dermaßen irre, dass ich das wahnhafte Fundament, auf dem diese Volkssouveränitätler stehen, an vier Facetten kenntlich machen will. Ich begebe mich zu diesem Zweck auf ihre wohl wichtigste publizistische Stütze, auf die »Nachdenkseiten« des Herrn Albrecht Müller.

– Die erste Facette ist die permanente Behauptung der Fremdsteuerung deutscher Staatspolitik. Das geht so: »Angela Merkel ist ein verlässlicher Partner der USA, so verlässlich, dass man daran zweifeln muss, dass genuin deutsche Interessen noch die notwendige Förderung erfahren.« Und ein paar Tage später: »Auch die SPD erweist sich als fremdbestimmt.« Wer nicht gänzlich national durchgeknallt ist, könnte begreifen, dass der Zweck aller Staatspolitik – den Aufstieg der eigenen Nation über die Schädigung anderer Nationen voranzubringen – auch sich des Mittels der Kooperation und Konzession bedienen muss. Ganz frei von solch minimaler Erkenntnis tobt es sich auf Sahra Wagenknechts Facebook-Seite aus: »Merkel ist ein Produkt der Machenschaften der CIA« – »Wir wissen, dass Frau Merkel nichts anderes tut, als amerikanische Interessen durchzusetzen« – »Und jetzt schiebt endlich die Ami-Nutte Merkel ab.« Nie wird man ermitteln können, ob so etwas von den »Nachdenkseiten« oder von der AfD inspiriert ist, die ja in ihrem Programm beklagt, dass »zunehmend andere Staaten und Institutionen die deutsche Außen- und Sicherheitspolitik beeinflussen und steuern«. – Die zweite Facette folgt zwingend aus der ersten. Wo Fremdsteuerung gemutmaßt wird, ist Enthüllung dieser verborgenen Machenschaften angesagt. Die »Nachdenkseiten« und das entsprechende Sortiment des rechtsradikalen Kopp-Verlags sind in diesem Punkt ununterscheidbar. Ein wichtiger Autor der »Nachdenkseiten« ist Paul Schreyer, der unter anderem herausgefunden haben will, dass Bin Laden die Anschläge von 9/11 weder angeordnet habe noch in sie verwickelt war, sondern dass diese vielmehr vom amerikanischen Geheimdienst durchgeführt wurden, der einer Schattenregierung dient. Ich erspare euch weitere Details. Politisch wichtig scheint mir, dass nach der sehr lesenswerten Studie zur »enthemmten Mitte« 60 Prozent aller Deutschen für Verschwörungstheorien, also die These, dass im Geheimen Ausgehecktes unser ganzes Leben bestimmt, anfällig sind, dass aber die Wähler der AfD und der Linkspartei diesem Phänomen der zerstörten Vernunft in weit größerer Zahl unterliegen als die Wähler der anderen Parteien – ein beängstigendes, nur scheinbar vorpolitisches Fundament der Querfront, ein Scharnier, das die Beteiligten auch immer wieder ganz konkret zusammenführt. Paul Schreyer hat kürzlich das Buch von und über Ken Jebsen, *Der Fall Ken Jebsen*, für die »Nachdenkseiten« hymnisch rezensiert, in dem Albrecht Müller als guter unerschrockener Freund des Machers von Ken FM geschildert wird. Ich habe das Buch gelesen. Das war nicht schön, aber es ging mir darum, das Erfolgsgeheimnis und diese gemessen an unserer kleinen Welt gigantischen Klickzahlen für Ken FM besser zu begreifen.

Ich hoffe, ihr versteht nicht falsch, was ich jetzt sage. Ich habe ja in anderen Abschnitten meines Lebens durchaus auch mit Rechten aus der CDU, wenn sie als Intellektuelle galten und die entsprechenden Einladungen zu den bekannten Akademien etwa in Hofgeismar annahmen, öffentlich diskutiert. Das war nicht fruchtbar. Das war auch nicht sinnvoll. Es war Antagonismus und Feindseligkeit in zivilisiertem Ton. Aber neben dem bildungsbürgerlichen Anspruch der Belesenheit gab es so eine Art der Stringenz der Argumente, der, wie gesagt, unversöhnlichen Argumente. Dies entfällt bei Ken Jebsen komplett. Da ist alles nur auftrumpfende Siegesgewissheit, Ressentimentpflege, dumme Phrase, Gewitztheit, Jargon, Verschwörungstheorie und Hass auf Israel. Es entzieht sich dem Argumentieren, und das ist etwas besonders Beängstigendes.

– Die dritte Facette, ebenfalls zwangsläufig und hier nur angerissen, ist der Antisemitismus. Die Eurexit-Vorkämpfer sind auf diesem Gebiet zügellos. Erstunterzeichnerin und bei besagter Konferenz in der Toskana dabei war zum Beispiel die Bundestagsabgeordnete Inge Höger, vom Simon-Wiesenthal-Zentrum als »extrem antisemitisch« eingestuft, 2010 mit der Gaza-Solidaritätsflotte unterwegs, Trägerin eines Schals mit einer nahöstlichen Landkarte, auf der Israel fehlt, also symbolisch schon einmal ausgelöscht ist; wie alle anderen natürlich engagiert in allen Kampagnen, die Israel delegitimieren und zu seinem Boykott aufrufen.

– Und die letzte Facette: Dieser Antisemitismus geht eine Symbiose mit dem Rassismus ein. Ich zitiere pars pro toto aus einem Porträt der »Nachdenkseiten« von einem als »insgesamt progressiv eingestellt« charakterisierten Mann: »Er werde beim nächsten Mal AfD wählen. Man kann es als Hilferuf verstehen. Er hat sehr wohl gesehen, dass sich unsere Bundeskanzlerin mit offenen Armen für Flüchtlinge selbst nur geschmückt hat. (Aber) wir laufen mit dieser Politik hohe Risiken. Er weiß das oder er ahnt das, und er spürt und hört, dass man darüber nicht sprechen darf, wenn man nicht Gefahr laufen will, als Rechter oder Rechtspopulist stigmatisiert und abgekanzelt zu werden. Er sieht zugleich, wie sich Politiker jener Partei, der Linkspartei, die er bisher gewählt hat, über jene hermachen, die seine Sorgen noch zu artikulieren wagen: Kipping und van Aken rücksichtslos gegen Wagenknecht.«

Was sich hier als Verständnis für einen progressiv eingestellten AfD-Wähler nur schwach kostümiert, ist Wertschätzung der rassistischen Positionen der AfD. Und diese Wertschätzung ist eine wechselseitige, wie wir dem zahlreichen Lob für Wagenknechts Schuldzuweisung an Merkel für den Terroranschlag in Berlin erneut entnehmen konnten. Die sehr lesenswerte, im letzten Jahr erschienene Untersuchung *Im Feindbild vereint* erinnert noch einmal daran, wie das erträumte Wunschkabinett der rechtsradikalen Zeitschrift »Compact« zur Rettung Deutschlands aus Anlass der Bundestagswahl 2013 personell zusammengesetzt war: »Die ›Compact‹-Regierungsalternative sah damals Thilo Sarrazin als Bundeskanzler vor; Außenminister sollte Oskar Lafontaine werden, Familienministerin Eva Herman, Finanzminister Bernd Lucke und Arbeitsministerin Sahra Wagenknecht.«

Das alles sind keine absurden Irrlichter, sondern verfügt über eine politisch-soziale Basis. Ende September 2016 wurde unter anderem im »Hamburger Abendblatt« eine umfangreiche Studie vorgestellt, in der gefragt wurde: »Welchem Politiker trauen Sie zu, die großen Aufgaben zu lösen?« Die Antworten wurden nach Parteinähe aufgeschlüsselt. Von den befragten AfD-Wählern erhielt, kein Wunder, Frauke Petry die besten Werte (68 Prozent), es folgte Horst Seehofer (63 Prozent), und auf Platz drei landete Sahra Wagenknecht mit 38 Prozent. Das war zehnmal mehr als Angela Merkel erreichte und 16 Mal mehr als Sigmar Gabriel.

Selbstverständlich leugne ich bei all dem nicht die Stellungnahmen aus der Linkspartei gegen den Wagenknecht-Rassismus. Und natürlich ist mir auch nicht entgangen, dass Bernd Riexinger sich und andere gegen das Eurexit-Lager positioniert hat. Mir ist bekannt, dass da Leute ein eher modernes, sozialdemokratisch-liberales Profil anstreben, natürlich ohne jede Distanz zur Regierungsbeteiligung, aber auf ein Milieu setzend, das in Berlin ja teilweise auch gewonnen werden konnte. Und ich will betonen, dass ich die Arbeit jener schätze, die als Abgeordnete Licht in den NSU-Skandal zu bekommen versuchen oder die vor Ort verlässliche Partner von Antifas und Antiras sind, deren Büros angegriffen werden und um deren Unversehrtheit man bangen muss. Und trotzdem: Um eines guten Wahlergebnisses willen befürworten sie die Spitzenkandidatur ihrer innerparteilichen Widersacherin oder akzeptieren sie jedenfalls zähneknirschend. Dadurch, genau dadurch, wird Antagonismus zur Meinungsverschiedenheit. Und im Übrigen kann es von ihnen niemand mit der Popularität, dem Zuspruch zu den Veranstaltungen und der Medienpräsenz von Sahra Wagenknecht aufnehmen. In den wichtigsten Talkshows des letzten Jahres hat sie sogar Herrn Bosbach übertroffen.

Die auf der Siegerstraße drehen auf und durch: Im »Neuen Deutschland« gab es im Rahmen einer pluralen Debatte auch eine Stellungnahme von Jan Ole Arps, Redakteur von *Analyse & Kritik*, der bekanntgab, wegen Wagenknechts jüngster Äußerung erstmals die Linke nicht mehr wählen zu wollen. Und auf den »Nachdenkseiten« las ich dazu: »Es sei der Linken dringend angeraten, in ihrem eigenen Haus aufzuräumen und die Antideutschen im ›Neuen Deutschland‹ schleunigst loszuwerden.« Ebendort las ich, bezüglich der doch eigentlich ziemlich zahmen, auf das Parteiprogramm verweisenden Stimmen gegen die Spitzenkandidatin: »In solchen Fällen sind Parteiordnungsverfahren eine demokratische Pflicht, wenn auf andere Weise ein Burgfrieden für den Wahlkampf nicht erreichbar ist.« – Aus meiner Biografie dachte ich immer, die Spontis oder die Undogmatischen seien die Härtesten, aber vielleicht sind doch die alten Sozialdemokraten die legitimsten Erben stalinistischer Usancen. Man weiß es nicht, ich bin ja kein Parteienforscher. Den eingeklagten Burgfrieden wird es geben, leider – aber das ist der Stand.

Ich komme zur Bewegung DiEM25, die als Antipode zu den Eurexit-Kräften gilt unter Linken, also zu der vor einem Jahr in Berlin aus der Taufe gehobenen »Bewegung Demokratie in Europa 2025«, deren Initiator Yanis Varoufakis ist und der sich linke Prominente wie Antonio Negri, Ken Loach, Noam Chomsky, Julian Assange, Slavoj Žižek sowie Politiker von Syriza, der Linkspartei, der Labour Party und Podemos, aber auch zum Beispiel die Bürgermeisterin Barcelonas angeschlossen haben. Zielsetzung und Befürchtung hat DiEM25 in der Überschrift seines Manifests festgehalten: »Die EU wird demokratisiert, oder sie wird zerschlagen.« Befürchtet wird ein »Rückzug in den Kokon unserer Nationalstaaten«. Angemessen schroff scheint, was Varoufakis gegen seine Antipoden argumentativ in Stellung bringt: »Glauben die Befürworter der Lexit-Option denn tatsächlich, dass die Linke heute den Kampf um die Hegemonie gegen die extreme Rechte gewinnen kann, indem sie den Ruf nach neuen Zäunen und einem Ende der Freizügigkeit unterstützt?« Er warnt vor »dem Schulterschluss mit nationalistischen Positionen, die unweigerlich die extreme Rechte stärken werden«.

Dass er so formuliert, hat mich gewundert, war er doch wenige Monate zuvor noch mit den »Plan B«-Promis, zu denen unter anderem Mélenchon und Lafontaine gehören, gemeinsam im Geschäft. Außerdem war er ja Minister einer Regierung, der auch die extreme Rechte, die Anel-Partei, angehörte, in der also der Schulterschluss mit nationalistischen Positionen verwirklicht wurde oder bis heute verwirklicht wird.

Drei kritische Anmerkungen zu DiEM25: Das Dokument idealisiert das, was die EU angeblich mal sein sollte und nun wieder werden müsse, jenseits aller historischen Realitäten, die zu ihrer Gründung führten. »Die Europäische Union hätte der sprichwörtliche Leuchtturm sein können, sie hätte der Welt zeigen können ...« und so weiter. Unterhalb eines Vorbilds für die ganze Welt macht es der patriotische Europäer einfach nicht. An dieser Stelle nur die Feststellung, dass die behauptete »eigentliche« Qualität der EU die Voraussetzung für die törichte, für diese antiaufklärerische Behauptung ist, die gute Idee sei durch Dilettanten, also nicht durch Interessen, sondern durch Nieten in Nadelstreifen, vermurkst worden, durch »ein Bündnis aus kurzsichtigen

Politikern, ökonomisch naiven Beamten und unfähigen Finanzexperten«. Zweitens: Ich mag einfach illusionären Blödsinn nicht, also solche in lächerlicher Akribie aufgestellten Forderungen, nach denen alle Sitzungen des Europäischen Rats, der Euro-Gruppe und so weiter ab sofort live im Internet verfolgbar sein müssten, aller Geheimdiplomatie der Garaus gemacht gehört und »voller Transparenz der Entscheidungsfindung« zu weichen hätte. Transparenz ist übrigens ein sehr gefährlicher Modetrend. Alle weiteren Pläne und Zeitpläne weisen einen ähnlichen Hirnriss auf, die komplette Abstraktion von allen politischen und gesellschaftlichen Potenzialen in Europa. Innerhalb von zwei Jahren, so wurde beschlossen – also jetzt nur noch in einem Jahr – müsse per transnationalen Wahllisten die Wahl und Einberufung einer verfassunggebenden Versammlung für die gesamte EU verwirklicht werden; diese Versammlung entwirft und entscheidet über eine vorbildliche neue demokratische Verfassung der EU; und die Beschlüsse dieser Versammlung seien dann bis 2025 umzusetzen. Das alles zu präzisieren ist Beschäftigungstherapie für lebenslang dem Konstruktiven verpflichtete Akademiker. Ich bitte sehr darum, dass dieser Streit untereinander nicht auch noch »transparent« gemacht wird. Und wenn ich dann lese, die Gründungskonferenz von DiEM25 sei – ich zitiere die Zeitschrift »AK« – »mit Glitzervorhängen und der spannungsvollen Musik eine glänzende Inszenierung« gewesen, »genial als mediale Intervention bekannter Persönlichkeiten, um emanzipatorischen Projekten medialen Rückenwind zu geben ... Pop wirkt eben.« – Dann muss ich die distanzlose Verbundenheit von manchen Linken mit der Kulturindustrie und die damit einhergehende Verwechslung von Event und gesellschaftlicher Wirklichkeit zur Kenntnis nehmen.

Aber drittens, und das ist mein wichtigster Einwand: Im DiEM25-Manifest wimmelt es von positiv konnotierten »stolzen Völkern«, deren »nationale Selbstbestimmung« zu respektieren sei. Die Beschlüsse der verfassunggebenden Versammlung, heißt es, schaffen ein »Wir, die Völker Europas«. »Die EU-Bürokratie« sei »dem Willen der souveränen Völker Europas zu unterwerfen«. Gefordert wird ein »pluralistisches Europa der unterschiedlichen Regionen, Ethnien, Glaubensüberzeugungen, Nationen, Sprachen und Kulturen«. Das alles fällt nicht nur hinter jede kritische Reflexion der konstruierten nationalen Identitäten zurück, sondern macht – ich befürchte: gezielt – die Tür zum Ethnonationalismus sperrangelweit auf – so etwa, wenn besagte »unterschiedliche Ethnien«, also Basken, Katalanen, Schotten oder Flamen, ihr sogenanntes »Völkergefängnis« verlassen, um dann als ethnische

Homogenität der EU, sagen wir, nach kroatischem Vorbild, beizutreten. Das genau ist heute Programm. Und es ist das Gegenteil der Überwindung von Nationalismus und ist zugleich reaktionär um ethnische Reinheit kämpfend und im Regelfall Pro-EU.

Zwei Bücher möchte ich, unabhängig von Eurexit versus DiEM25, erwähnen, die die schreckliche Faustregel bebildern, nach der staatspolitische und gesellschaftliche Verschiebungen nach sehr weit rechts oder ins Faschistoide immer ein Mitgehen, halbes Mitgehen, Legitimieren, Verständnis-Zeigen, gemeinsames Betonen etc. nach sich ziehen. Ein krasses Beispiel ist der Band von Stephan Hebel: *Sehr geehrter AfD-Wähler, wählen Sie sich nicht unglücklich!* Einige Ausschnitte aus dem mit dem Stilmittel des Offenen Briefs arbeitenden Buch:»Sehr geehrter AfD-Wähler, bleiben wir ruhig bei der höflichen Anrede, denn ich gehe mal davon aus, dass Sie die AfD nicht deshalb wählen, weil Sie prinzipiell etwas gegen Ausländer und Flüchtlinge hätten. Wie Sie sehen, bin ich überzeugt, dass man den Erfolg der AfD nicht mit billigen Parolen wie ›Alles Rassisten‹ erklären kann.« Schon an dieser Stelle springt mich ein Gedanke förmlich an: So hätte man auch im historischen Kontext, sagen wir des Jahres 1931, formulieren können:»Sehr geehrter NSDAP-Wähler, ich bin überzeugt davon, dass Sie kein Antisemit sind; Sie haben nicht prinzipiell etwas gegen Juden, mit so billigen Parolen wird man Ihnen nicht gerecht.«

Dem so angesprochenen Wähler muss immer viel entgangen sein – historisch meinetwegen das eigentlich doch unübersehbare Parteitagsmotto »Die Juden sind unser Unglück«. Jedenfalls teilt er die Parolen und Motive der AfD eigentlich nicht, hat andere, verständlichere, und das sind immer irgendwie soziale. Einige Zitate:»Vielleicht spielt bei Ihnen Angst eine Rolle, vor noch mehr krankmachendem Stress. ... Ich stelle Sie mir als Normalbürger vor, der für sein Geld ordentlich arbeiten muss, wenn Sie Ihren Lebensstandard wenigstens halten wollen, vor Armut im Alter. ... Mit dieser Sorge haben Sie meiner Meinung nach durchaus recht: Gerade für die Sicherung des Wohlstands hat die Politik seit Jahren wenig zum Positiven geändert.« Das berechtigte Anliegen sei allerdings bei der AfD, da sie neoliberal sei, in falschen Händen. Deswegen gäbe es, sollte die AfD Deutschland regieren, »ein böses Erwachen«. Sie verstößt auch mit ihrer Position der Euro-Auflösung gegen die »eigentlichen« Interessen des AfD-Wählers und seiner Nation:»Und zwar nicht zuletzt deshalb, weil der Austritt auch Deutschland schwer beschädigen würde.«

Jedes humanistische Argument wird in diesem Buch überlagert von Berechnungen der instrumentellen Vernunft – die volkswirtschaftliche Nützlichkeit der Ausländer –, und sogar an positiver Bezugnahme auf die AfD-Programmatik mangelt es nicht:»Auch die Partei Ihrer Wahl (die AfD) erwähnt Rüstungs- und Lebensmittelexporte als Fluchtursachen, und Freihandelsabkommen wie die transatlantischen Verträge mit den USA und Kanada (TTIP und Ceta) lehnt sie, wenn auch mit wesentlich stärkerer Betonung auf nationalen Kompetenzen, ebenso ab wie viele linke Globalisierungskritiker.« Da hat man doch schon mal eine weitere Gemeinsamkeit gefunden: die Globalisierungskritik. Und schon wird aus jenem, der der AfD eigentlich gar nicht richtig anhängt, ein potenzieller Mitkämpfer:»Gehen Sie mal zu einer Demo gegen TTIP, um zu sehen, dass man, wie die AfD, gegen ungerechte Freihandelsabkommen, aber, anders als die AfD, zugleich für eine Welt der Offenheit und des fairen Austauschs sein kann. ... Und vor allem: Wählen Sie sich nicht unglücklich.«

Ich will an dieser Stelle nichts zur sogenannten Globalisierungskritik sagen. Nur so viel: Es handelt sich um eine Kampfvokabel gegen den analytischen Begriff der Weltmarktkonkurrenz. Wer Globalisierung sagt, kann Deutschland zum Opfer stilisieren; wer von der analytischen Kategorie Weltmarktkonkurrenz aus operiert, kann das nicht, denn zu offensichtlich ist, welchen Reichtumstransfer Deutschland per Exportüberschuss vom fremden aufs eigene Territorium veranstaltet.

Wichtig ist, dass der Autor Hebel, der für die »FR«, den »Freitag«, fürs »Deutschlandradio« arbeitet und regelmäßig als linker Gast im Presseclub der ARD sitzt, vollständig leugnen muss, was die Studie *Die enthemmte Mitte* über die Gesinnung von AfD-Wählern erforscht hat. Und nur weil die Zustimmung zum Schießen an den Grenzen in dieser Studie nicht abgefragt wurde, erscheinen Rohheit und grauenvolle Gesinnungen nicht in ihrer ganzen grellen Scheußlichkeit. Der Autor kann mit seinem Buch bei AfD-Wählern keinen Erfolg haben. Meine These ist, dass er das auch weiß und für sich und sein Milieu nur die eigene Versöhnung mit dem Faschistoiden formuliert hat, das Arrangement, die gute Nachbarschaft.

Und schließlich Slavoj Žižeks »Spiegel«-Bestseller *Der neue Klassenkampf*. Ich halte das Werk für paradigmatisch. Es beginnt mit der Behauptung einer Äquidistanz, der gleich großen Entfernung zu zwei falschen Positionen: »Die Linksliberalen fragen empört, wie Europa es zulassen kann, dass Tausende Menschen im Mittelmeer ertrinken – sie plädieren dafür, dass Europa sich solidarisch zeigen und seine Türen weit aufmachen sollte. Populistische Einwanderungsgegner indes fordern dazu auf, die europäische Lebensweise zu schützen, und sind der Meinung, Afrikaner und Araber sollten ihre Probleme selbst lösen. Beide Lösungen sind schlecht, aber welche ist schlechter? Um Stalin zu paraphrasieren: Sie sind beide schlechter.« Eine bemerkenswerte Gleichsetzung, die ein wenig relativiert wird durch die Behauptung einer besonders miesen Eigenschaft, die nur jenen eigen ist, die sich über das Ertrinken im Mittelmeer empören:»Die größten Heuchler sind fraglos diejenigen, die offene Grenzen fordern: Insgeheim wissen sie, dass es dazu nie kommen wird, weil dies sofort eine populistische Revolte in Europa zur Folge hätte. Sie inszenieren sich nur als schöne Seelen.« Ich will gar nicht beurteilen, ob das auf einige zutrifft. Ich weiß allerdings, gegen wen das schlicht niederträchtig ist: gegen praktisch aktive Antirassisten.

Und nun kommt Žižeks, also die von ihm postulierte richtige Position,»dass es unsere wahre Bestrebung sein sollte, die Basis der Gesellschaft weltweit so weit umzugestalten, dass keine verzweifelten Flüchtlinge mehr auf diesen Weg gezwungen werden«. Dies sei die weitergehende, radikalere Lösung, sie sei materialistisch, nicht nur moralisch. Auch das mag sein. Nur erforderte sie eben ein solches Maß an Klassenkämpfen ohne nationale Borniertheiten, einen Bruch mit imperialistischem Raub von Ressourcen und Beendigung der Weltmarktkonkurrenz etc., dass der Verdacht sich förmlich aufdrängt, der Autor sei ein Heuchler, weil er weiß, dass das in absehbarer Zeit nicht realisierbar ist. Bei der Tabubrecherei, der sich Žižek ja verschrieben hat, handelt es sich im Regelfall um gar nichts Unkonventionelles oder Unterdrücktes, sondern der Tabubrecher stilisiert sich nur zum einsamen, angefeindeten Rufer in der Wüste. Mit dieser Methode haben es sowohl Thilo Sarrazin als auch der grüne Bürgermeister von Tübingen, Boris Palmer, zur Meisterschaft gebracht.

Žižek schreibt:»Ein weiteres Tabu, das es zu verwerfen gilt, ist die Vorstellung, der Schutz der eigenen Lebensweise sei an sich protofaschistisch oder rassistisch.« Nö, ach was, das ist die allerlegitimste Abwehr der Zerstörung unserer Kultur, die uns geraubt wird, wenn zu viele kommen, die uns nicht mal essen lassen wollen, wie wir es seit der Schlacht im Teutoburger Wald als Deutsche nun mal lieben. Žižek:»In den Schulkantinen wird muslimischen Kindern kein Schweinefleisch serviert. Aber was, wenn diese Kinder sich an den anderen Kindern stören, die Schweinefleisch essen?« Es gibt eine reale Debatte in Deutschland, ob um den Preis des Aufenthaltsrechts zu den erzwingbaren Integrationsleistungen der Verzehr von Schweinefleisch gehören soll. Das auf den Kopf zu stellen ist schon infam.

Das gleiche Muster wendet Žižek an, wenn er nicht den gemeinen Umgang mit Geflüchteten, sondern ihre Undankbarkeit angeklagt: »Es entspricht schlicht der Wahrheit, dass die Flüchtlinge nie Dankbarkeit empfinden werden für die Leute, in deren Länder sie zu kommen geschafft haben.« Und dann dieses Anspruchsdenken! »Grade wenn sich Menschen in Armut, Not und Gefahr befinden und man erwarten würde, dass sie mit einem Minimum an Sicherheit und Wohlergehen zufrieden wären, explodiert die absolute Utopie. Sie werden lernen müssen, ihre Träume zu zensieren. ... Kurzum: Die Flüchtlinge erwarten im Grunde genommen, die Vorzüge der westlichen Wohlfahrtsstaaten nutzen zu können, ohne ihren eigenen Lebensstil zu ändern.« Und weil die Kuchen statt trocken Brots, einige sogar Einzelzimmer statt Massenunterkunft wollen und sich nicht den Anforderungen der Leitkultur beugen, muss sie abgeschafft werden, diese »pathetische Solidarität mit den Flüchtlingen«. Stattdessen »müssen wir ein weiteres Tabu hinter uns lassen, nämlich die Ängste und Sorgen der sogenannten kleinen Leute angesichts der Flüchtlinge, die oft als Ausdruck rassistischer Vorurteile, wenn nicht gar eines blanken Neofaschismus abgestempelt werden«.

Es sind seine Ressentiments, mit denen sich Žižek hinter den Sorgen und Ängsten der »kleinen Leute« versteckt, um zu postulieren: »Man sollte daher die Verbindung zwischen Flüchtlingen und humanitärer Empathie kappen, die die Hilfe für Flüchtlinge in unserem Mitgefühl verankert.« Praktisch will er »Aufnahmezentren, wo Tausende registriert und erfasst werden«, und: »Die Kriterien der Anerkennung müssen klar und deutlich formuliert sein, wer wird aufgenommen und wie viele.« Das ist der Wortschatz von Innenministern. Jedenfalls »sollten wir die vorherrschende linksliberale, humanistische Haltung verwerfen«.

Nichts von dem, was Žižek abgeräumt wissen will, ist in irgendeinem nennenswerten Milieu in Deutschland »vorherrschend«. Die Position der offenen Grenzen ist so marginal, dass sie in den Statistiken der Meinungsforschung schlicht nicht vorkommt. Žižek animiert seine große Leserschaft und sein zahlreiches Veranstaltungspublikum, das gebildet, gutsituiert und keineswegs proletarisch ist, zur Enthemmung. Dass dies im Namen einer befriedeten Welt geschieht, ist einfach nur infam.

Teil 2

Didier Eribon ist ein ganz anderes Kaliber als die Vorgenannten. Mit seinem sehr erfolgreichen Buch *Rückkehr nach Reims* und einigen Interviews, die er gegeben hat, möchte ich mich nun beschäftigen. Er scheint nur Anhänger zu haben. Oskar Lafontaine sitzt bei Maischberger und bezieht sich auf ihn, Sahra Wagenknecht hält eine sogenannte wichtige Bundestagsrede und beendet sie mit einem Eribon-Zitat, in **konkret** wird er ziemlich gefeiert und befragt, Jan Feddersen zeigt sich in der »Taz« hingerissen, und auch ich fand die Lektüre fesselnd. Das hat Gründe und will durchdacht sein. Ich vernachlässige hier einen Aspekt, der im Buch viel Platz einnimmt, gänzlich: die Schilderung und Reflexion eines homosexuellen linken Intellektuellen, der jahrzehntelang seine proletarische Familie nicht sehen wollte und der ebenso lange seine proletarische Herkunft im Freundes- und Kollegenkreis verheimlicht hat, ängstlich bangend, sie könnte auffliegen. Mir geht es um Folgendes:

Erstens: Wenn Eribon die soziale Lebensrealität seiner Eltern in der Zeit seiner Kindheit und seines Erwachsenwerdens beschreibt, dann beschreibt er eine Zeit vor dem sogenannten Neoliberalismus, also das, was Eric Hobsbawm »goldenes Zeitalter des Kapitalismus« genannt hat, ohne die heute so oft anzutreffende Romantisierung: »Das Wort soziale Ungleichheit ist eigentlich ein Euphemismus, in Wahrheit haben wir es mit nackter ausbeuterischer Gewalt zu tun. Der Körper einer alternden Arbeiterin führt allen die Wahrheit über die Klassengesellschaft vor Augen.« Was Eribon beschreibt, liegt in der kapitalistischen Produktionsweise. Und gutbetuchte Menschen, die das nicht sehen wollen, mag ich weder zu einer Fabrikbesichtigung noch zu einem Spaziergang durch ein sogenanntes Problemviertel einladen. Sie können ja die Kassiererin im Supermarkt einfach anschauen und registrieren, wie anders dieses Leben ist als, sagen wir, ein bildungsbürgerliches, wie ermüdend, erschöpfend, Denken und Sinnlichkeit zerstörend. Gegen alle verrückten Behauptungen dieser Welt – dass der Menschheit die Arbeit ausgeht oder die Arbeitswelt aus sich selbst verwirklichenden Kreativen bestehe, kann man ja auch mal ein paar empirische Tatsachen zur Kenntnis nehmen.

Zweitens: Eribon macht diskutierbar, dass es diese materiellen Verhältnisse sind, die die ihnen Unterworfenen so roh machen. Ohne die Verrohung auf irgendeine anthropologische Konstante zurückzuführen, schildert er sie und die zugehörige Gesinnung ungeschminkt. Was er täglich von die KP wählenden Familien zu hören bekam, »wäre dem (Programm) der Rechtsextremen wohl ziemlich nahegekommen: Forderungen, Einwanderer wieder abzuschieben, nationales Vorrecht auf Arbeitsplätze und Sozialleistungen, Verschärfung des Strafrechts und der Strafverfolgung, Beibehaltung und Ausweitung der Todesstrafe. Ein tiefsitzender Rassismus, der eines der dominanten Merkmale des weißen Arbeitermilieus und der Unterschichten ausmachte ...« Niemand musste erst sozialen Abstieg erleben oder von Abstiegsängsten gequält werden, um so zu reden.

Daraus wäre der Gedanke zu gewinnen, dass Rassismus – und Antisemitismus, den Eribon nicht behandelt – etwas von der kapitalistischen Produktionsweise, von der ihr innewohnenden Entsagung, immer wieder Erzeugtes ist. Etwas, das heute scharfgemacht und entfesselt werden kann. Und dass, wer das beseitigen will, die Überwindung der kapitalistischen Produktionsweise und die ihr zugehörige Art des Arbeitens anstreben muss.

Drittens, und in diesem Punkt liefert Eribon das Wertvollste, das mir im Moment denkbar erscheint, er spricht aus: »Die Rückkehr zum Nationalismus ist keine Alternative«, und er entwickelt seine Überlegungen, dass es zwar einen erfolgreichen, aber keinen linken Populismus geben kann, weil was Linke zu sagen haben müssten, nun einmal komplizierter und nicht spontan einleuchtend ist. Eine kleine Collage diesbezüglicher Zitate: »In Spanien benutzt Pablo Iglesias ständig den Begriff *la patria*. Er begreift nicht, dass das ein sehr gefährliches Wort ist, das historisch klar besetzt ist.« – »Begriffe wie Heimat, *la terre, le sol,* bringen uns nirgendwohin. Das ist Blut-und-Boden-Rhetorik.« – »Dass die Linken rechte Argumentationen übernehmen, sieht man leider immer häufiger.« – »Die Rhetorik von Podemos ist genau die gleiche wie die des Front National.« – »Wenn man die Nation gegen die Oligarchie positioniert, wo sind dann die Menschen, die im Mittelmeer ertrinken? Gehören sie zur *patria*? Man muss mit diesen Begriffen sehr vorsichtig sein, sonst ist man sehr schnell bei den französischen und italienischen Faschisten, die den Kapitalismus als Diktatur der Banken ausgeben und es als volkszersetzend ansehen, wenn jede Minderheit ihre Rechte durchsetzen will.« Das soll genügen. Eribon benennt einige Kernelemente heutiger inhaltlicher Querfronten, und ihm ist absolut klar, dass kein Platz für einen schwulen Intellektuellen ist, wo im Namen von Nation und Gemeinschaft, aber auch im Namen des Proletariats, des Proletkults oder des Hauptwiderspruchs untergemangelt wird, was an Errungenschaften und Zivilisierung der bürgerlichen Gesellschaft abgetrotzt wurde.

Oft wird Eribon für die These der »Mitverantwortung der Linken für den Auftrieb der Rechten« in Anschlag gebracht. Darin steckt viel, manchmal auch gewolltes, Missverständnis. Denn meistens spricht er von Regierungslinken und »institutionalisierter Linker«, also von der französischen Sozialdemokratie und ihrem ideologisch-intellektuellen Begleittross. Aber es ist nicht alles auf Missverständnis, sozusagen einen Übersetzungsfehler französischer Usancen, nach denen François Hollande als Linker gilt, zu reduzieren. Eribon sagt ja auch: »Man muss sich schon fragen, warum die radikale Linke, die alternative Linke, es nicht geschafft hat, eine andere Dynamik in Gang zu setzen. Es ist dringend notwendig, ein linkes Denken neu zu erfinden.« Und an anderer Stelle: »Die Linke muss sich neu erschaffen.«

Ich ahne, was damit intendiert ist. In Frankreich hat die vom ehemals sozialdemokratischen Senator Jean-Luc Mélenchon gegründete Parti de Gauche nach einer Hochphase einen immensen Abfluss an Aktivisten und diverse horrende Wahlniederlagen erlebt. In diesem Prozess geschah, und ich vermute, zum Schrecken Eribons, manch nationalistischer Schwenk, der sich zum Beispiel im Motto des Parti-de-Gauche-Kongresses vom Sommer 2015 artikulierte, das einen erschaudern lässt: »Die Losung ist das Volk«.

Ich verstehe also Eribons Position und habe zugleich keine gute Meinung von so reklamehaften Formeln wie »linkes Denken neu erfinden«; wahrscheinlich bin ich Gorbatschow-geschädigt. Zumal solche Formeln ja fast immer mit dem Versprechen einhergehen, dass nach entsprechender Neuerfindung in irgendwelchen Offensiven eine Art Erfolgsgarantie stecke. Wenn Eribon schreibt: »Deshalb ist es auch alles andere als unmöglich, dass sich ein Teil der FN-Wähler in nicht ganz ferner Zukunft der extremen Linken zuwendet«, dann euphorisiert mich solch unbeweisbare Zuversicht nicht, obwohl ich wirklich gerne unrecht hätte.

Aber zu dem, was ich für Eribons gravierendsten Fehler halte: »Das Wählen rechtsextremer Parteien kann man als eine Art sozialen Aufstand gegen ›das System‹ begreifen«, sagt er im **konkret**-Interview (**konkret 12/16**). »Es ist tragisch, dass die Arbeiter erst für den Front National stimmen mussten, um auf sich aufmerksam zu machen«, sagt er bei »Zeit Online« und fährt fort: »Was bleibt ihnen also anderes übrig, als nächstes Mal in Frankreich FN zu wählen, in Österreich FPÖ, in Großbritannien Brexit und in Deutschland AfD?« Und in *Rückkehr nach Reims* heißt es: »So widersprüchlich es klingen mag, bin ich mir doch sicher, dass man die Zustimmung zum Front

National zumindest teilweise als eine Art politische Notwehr der unteren Schichten interpretieren muss. Sie versuchen, ihre kollektive Identität zu verteidigen.«

Eribons Begriff der »Notwehr« hat mittlerweile eine Karriere gemacht, die an die sprichwörtlichen »ernstzunehmenden Sorgen und Ängste« heranreicht, und ich halte das für furchtbar. Notwehr ist die Feststellung totaler Unschuld. Wer zu ihr greift, kann weder normativ noch moralisch und erst recht nicht juristisch belangt werden. Die Formulierung »Was bleibt ihnen anderes übrig?« meint dasselbe, und die Kennzeichnung als »Art sozialer Aufstand« geht fast noch darüber hinaus. Diese Formeln, die den Arbeiter als Unmündigen, nicht Verantwortlichen behandeln, haben immer Konjunktur, wenn das Faschistoide auf dem Vormarsch ist, und deshalb meines Erachtens nicht zufällig etwa im Deutschland der frühen neunziger Jahre. Wolfgang Fritz Haug von der Zeitschrift »Argument« sah damals im Rassismus einen »entfremdeten sozialen Protest«. Arbeitertümelnde Autonome sahen »in der Gewalt der Zukurzgekommenen (gegen Flüchtlinge) eine Form der Selbstfindung unter schlechten Emblemen«. Karl Heinz Roth entdeckte »einen plebejischen oder subproletarischen Rassismus, der sehr ambivalent ist« – dem also auch Positives innewohnt. Zusammengefasst wurde das alles in der die Rassisten zu sich irrenden Kumpeln machenden Parole: »Ausländer sind die falsche Adresse, haut den Politikern auf die Fresse.«

Eribon ist nicht Bestandteil dieses Milieus. Aber wenn er von »den Arbeitern« spricht, die Faschisten wählen müssten, kommen die, die eine dunkle Hautfarbe oder einen falschen Pass haben – und es deswegen nie tun – schon terminologisch als Arbeiter nicht mehr vor. Und ebenfalls nicht die realen Konflikte, die zwischen – auch – weißen Arbeitern verlaufen, zum Beispiel die alles andere als unwichtige Frage, ob Aktivisten des Front National aus Gewerkschaften ausgeschlossen gehören oder nicht. Der Terminus »die Arbeiter« verdeckt zudem die Frage, in welcher sozialen Lage überdurchschnittlich häufig der Front National oder auch Trump, die AfD oder in einem Land fast ohne soziale Notlagen wie der Schweiz die Volkspartei gewählt werden. Alles, was man dazu lesen kann, deutet darauf hin, dass das eher jene tun, denen ein gewisser sozialer Aufstieg geglückt ist, die Wohneigentum besitzen, höhere Einkommen oder Renten beziehen. Man kann, davon bin ich überzeugt, das Faschistoide gar nicht mit mehr günstigen Sozialwohnungen, Rentenerhöhungen oder besserem öffentlichen Nahverkehr eindämmen. Das ist gar nicht der Faschistoiden erstes und nicht einmal ihr zweites Motiv.

Und sie sind eben nicht lediglich relativ passive Wähler, sie sind aktiv. Sie gehen, ich bleibe beim französischen Beispiel, aktiv vor, wenn Menschen mit dunkler Hautfarbe sich in ihrem Quartier ansiedeln wollen. Das muss nicht immer physisch gewaltsam sein, sie können auch den Besitzern von Einzelhandelsgeschäften zu verstehen geben, dass sie woanders einkaufen werden, sollten sie es wagen, einen »Ausländer« hinter dem Verkaufstresen zu platzieren. Sie sind, kurzum, Täter des Alltags. Im Übrigen sollte man wirklich nicht übersehen, wie viele Selbstständige, Hochgebildete, Bauern, Mittelständler, Apotheker schon lange treue Wähler des Front National sind. Wogegen die Notwehr zu leisten glauben, interessiert mich nicht die Bohne.

Wenn ich als analytischen Ausgangspunkt ernst nehme, dass es eine weitgehende Übereinstimmung von rechter Propaganda und den Sehnsüchten der Wähler gibt, dass also Trump-Wähler gegen die bekannten Enthüllungen resistent waren, weil sie die Mauer gegen Mexiko und die versprochenen Massenabschiebungen wollen, dass sie so ein Waterboarding auch gerne mal live im Fernsehen geboten bekämen, dass ihnen all die in Aussicht gestellten Enthemmungen, die Befreiung von Political Correctness, das Die-Sau-Rauslassen gegen Frauenemanzipation, Schwule und Lesben gefallen, dass sie die Filme von Woody Allen nicht nur selbst nicht sehen, sondern aus der Welt geschafft wissen wollen – diese Intellektualität, diese »Humanitätsduselei«, dieses Ein-Gewese-Machen um irgendeinen von der Polizei erschossenen Schwarzen –, nur dann kann ich die Komplizenschaft begreifen zwischen Führern und Gefolgschaft. Nur dann kann ich verstehen, ohne zu verzeihen.

Damit sind wir bei Christian Baron. Sein hier in Frage stehendes Buch trägt den Titel *Proleten, Pöbel, Parasiten. Warum die Linken die Arbeiter verachten.* Es verspricht, ihr ahnt es schon, »das größte Tabu der linken Bewegung« zu brechen. Dieses Versprechen ist, wie wir wissen, das sicherste Indiz dafür, dass der Autor im Mainstream schwimmt. Christian Baron ist Feuilleton-Redakteur beim »Neuen Deutschland«, kann gut und verständnisvoll mit Deklassierten aller politischen Couleur plaudern, besonders beim Bierchen am Tresen: »Tatsächlich spielt sich bis heute in den kleinen Kaschemmen das ehrlichste Leben ab, das man sich nur vorstellen kann.« Gelitten hingegen hat er viel, besonders im Moloch Berlin, unter Linken, die ihn mit »identitätspolitischen Verbotsorgien« und »sprachpolizeilichen Gewaltmonopolen« drangsaliert haben. Daraus und aus weiteren Beobachtungen von

Massenfeindlichkeit schöpft er die titelgebende Kernthese des Buchs. Drei Zitate: »Die deutsche Linke ist also nicht ganz unschuldig an der derzeit zu beobachtenden Eskalation der gegen die Flüchtlinge gerichteten Grundstimmung im Land.« – »Ein Votum für den Rassismus aber lässt sich daraus nicht ableiten, die Prekären wählen AfD aus Protest gegen den von CDU/CSU, SPD, FDP und Grünen vertretenen Neoliberalismus.« (Das hat mich ein bisschen beruhigt, es mindert meine Schuld ein wenig, denn die gegen die Flüchtlinge gerichtete Grundstimmung, die ich verursacht habe, ist ja kein Rassismus, sondern Protest.) Doch haben die Linken »den Arbeitern bereits zu lange keine politische Stimme mehr verliehen. So weiträumig sind sie vom handelnden Subjekt zum Abschaum deklassiert worden, dass es verwundert, wie wenige von ihnen sich bislang der AfD oder sogar noch weiter rechts stehenden Gruppierungen angeschlossen haben.« Eine Warnung: Noch eine massenfeindliche Demo von Linken, und die NPD zieht an der AfD vorbei.

Das alles ist so absurd, dass es an die Behauptung grenzt, es sei vor 25 Jahren die winzige Minderheit, die unter der Parole »Nie wieder Deutschland« demonstrierte, verantwortlich gewesen für die Wiedervereinigung und den zugehörigen Jubel der Massen. Obwohl ich weiß, dass man dem Wahn einen Anstrich von Vernunft verleiht, sobald man ihm mit empirischen Argumenten begegnet, will ich mich für einen Moment auf die Anklagebank setzen, vor dieses Gericht, das ich nicht anerkenne. Ich erkläre also für mich und alle Polemiker, Satiriker, Theoretiker und Kabarettisten, die ich wertschätze: Ich habe immer polemisiert gegen jene, die »die Prekären« fertigmachen, verachten, dämonisieren, sich über deren »falsche« Ess- und Trinkgewohnheiten echauffieren, sie in widerwärtigen Comedy-Serien verunglimpfen und in Fernsehserien, die vorgeben, aus dem Leben gegriffen zu sein, sie erniedrigen, wie etwa Peter Sloterdijk das tut. Auch hatte die Vers- und Kaderschmiede, mein theatralisches Projekt, immer die Facette, eine Perspektive der Gedemütigten einzunehmen. Meine Bemühungen, durch Bündnisse und Kooperationen mit Gewerkschaftsgliederungen eine lohnarbeitende Klientel ins Theater zu locken, waren so groß, wie ihr Erfolg oft gering. Allerdings muss ich zugeben, dass ich dabei der Vorgabe von Christian Baron nicht gefolgt bin. Er schreibt: »Ein Theater, das den Anspruch aufgegeben hat, die Massen zu begeistern, schafft sich völlig zu Recht selbst ab.« Ich halte das Gegenteil für richtig: Ein Theater und eine Literatur, die die Massen, so wie sie sind, begeistern und also Bestseller sein wollen, begraben sich selbst, indem sie das Widerständige und Utopische, das der Kunst innewohnen kann, liquidieren und damit die Menschen betrügen, also nicht als die behandeln, die sie sein könnten und heute nicht sind.

Ferner möchte ich zum Beweis meiner Unschuld vor diesem Gericht anfügen, wie sehr ich verbunden bin mit jenen, die als Mitaktivisten oder Anwälte für Flüchtlinge, als Stadtteilaktivisten, als zunehmend abgewertete Sozialarbeiter oder linke Gewerkschafter tätig sind. Wer mit ihnen ernsthaft diskutiert, hört, wie viel Auf-der-Stelle-Treten, wieviel Nicht-Weiterwissen ihrer Arbeit eigen ist. Ich komme ja selbst ebenfalls aus proletarischen beziehungsweise subproletarischen Verhältnissen und habe nie ein Gymnasium oder eine Uni besucht. Ich durfte also kennenlernen, wie sich klein- und bildungsbürgerlicher Dünkel anfühlt. Irgendwann standen dann trotzdem ein paar Karrieretüren offen, durch die ich nicht gehen wollte. Und so landete ich in dem hunderttausendfachen Heer, ich bin ein typisches Kind der Künstlersozialversicherung geworden, empfinde finanziellen Engpass keineswegs als Bereicherung, halte Geldmangel nicht für eine Produktivkraft künstlerischen Schaffens und flenne dennoch darüber nur selten. – Nur heute mal, ausnahmsweise, vor Gericht.

Zu meinen Beschädigungen gehört, dass, wenn ich mal auf junge linke Menschen treffe und mit ihnen diskutiere, ich meist nicht ganz unbefangen bin, sondern ihre zukünftige Anpassung schon antizipiere. Das gilt für Kleinbürger oder Kinder wohlhabender Eltern, aber auch für einen jungen Arbeiter, der sich durch kämpferischen Mut auffällig macht und vielleicht sogar eine Perspektive als freigestellter Betriebsrat, Gewerkschaftssekretär oder später sogar im Aufsichtsrat in Aussicht hat. Ich bin, um es abzukürzen, insgesamt zu dem Schluss gekommen, dass die Beschädigungen, die auf bürgerliche Herkunft zurückzuführen sind, weder größer noch kleiner sind als jene, die von proletarischer Herkunft herrühren. Es sind nur andere.

Was nun die Szene betrifft, von der Christian Baron sich so drangsaliert fühlt: Selbstverständlich ist dort, wo sich Linke, Diskurstheoretiker, Dekonstruktivisten oder der linke Flügel der Postmoderne tummeln, also gesamtgesellschaftlich betrachtet in einem Fingerhut, viel Kraut und Rüben unterwegs. Die Tendenz gefällt mir nicht, denn dort, wo an den Unis noch kleine Segmente der brotlosen Kunst ohne Standortnützlichkeit geduldet werden, sind oft Lehrende, die der Kritischen Theorie und dem Marxismus verpflichtet waren, systematisch durch schlechtere ersetzt worden. Das ist so. Und selbstverständlich gibt es da viel Ärgerliches, viel Kritikwürdiges, kleinbürgerliche Selbstüberhöhung durch kritischen Konsum, Lifestyle und

postulierten Hedonismus, der abgearbeitet wird an Wochenenden und bei
dem niemand auf seine Kosten kommt; auch viel Skurriles findet man da in
den Debatten etwa über richtige Schreibweisen oder die vegane Weltrettung
oder die Critical Whiteness. Ja, das ist alles auch umstritten, und zu jedem
Thema gibt es kluge Positionen. Man spaltet sich an solchen Fragen, weil sie
ernst sind. Ich muss mich da überhaupt nicht heimisch fühlen und kann zugleich bedenken, dass es zum Wesen von Subkulturen gehört, dass sie sich
abschotten müssen in feindlicher Umwelt und manchmal auch sonderbar
sein müssen, oft ja ganz harmlos sonderbar wie etwa die Weltverbesserer
durch Ausdruckstanz im Jahre 1910 am Monte Verità. Ich könnte ausnahmsweise sogar vieles, was Baron gegen dieses Milieu ins Feld führt, akzeptieren,
wenn es nicht eben, und das ist der Kern, ein Projektionsgefäß wäre für den
geschürten reaktionären Wahn.

Es ging doch auch in unserer Vergangenheit, sagen wir, bei der ersten
Frauenkneipe in Hamburg oder bei der Hafenstraße oder noch früher bei
den Hippies oder Gammlern nicht darum, wie es bei ihnen zuging oder für
wie subversiv sie sich selbst hielten, sondern darum, was reaktionäre Männer glaubten, wie's da zugeht, was ihnen da geraubt wird, warum das verboten gehört, warum sie das zusammenschlagen müssen. Die Forderung, die
»soziale Frage« in den Mittelpunkt linker Politik zu rücken, enthielte ja durchaus Richtiges, aber sie geht fast immer einher mit rechter Positionierung im
sogenannten Kulturkampf, hat also eine Stoßrichtung gegen den »dünnen
Firnis der Zivilisation« (Lars Quadfasel) und wird dadurch regressiv. Dazu
drei Beispiele aus Barons Buch, die mit der »sozialen Frage« gar nichts zu
tun haben:

– Erstens, es geht um die Mahnwachen und den Friedenswinter: »Welch
trauriges Schauspiel: Da gehen in einem ohnehin demonstrationsmüden
Land endlich mal wieder Zehntausende auf die Straße, weil sie spüren, dass
da gewaltig etwas in die falsche Richtung läuft, und was glaubt die Lifestyle-
Linke tun zu müssen? Sie wetteifert intern darum, wer die meisten Rechten
in einer Gruppe aufzuspüren in der Lage ist, und blendet völlig aus, dass da
viele Menschen die weiße Fahne hochhalten, denen schnurzegal ist, was links
ist und was rechts, weil sie sich einfach nur nach einer friedlichen, gerech-
ten, sicheren Welt sehnen.« Ich denke mir, das hätte Nicole auch vertonen
können. Was für eine Verharmlosung dessen, was sich da 2014 als Vorläufer
von Pegida konstituierte. Was für eine Schmähung jener, die, wie Jutta Dit-
furth und Teile der Linkspartei, enthüllt haben, was sich da anbahnt. Und

was für eine Sehnsucht, mit Ken Jebsen und Jürgen Elsässer das Mikrofon zu teilen. Es liegt in der Logik dieser Sichtweise, wenn Baron die Pegida-Demonstranten mehrheitlich zu einem »Sammelsurium politisch völlig Verirrter« verharmlost.

– Zweitens: Überhaupt, schreibt Baron, sollen Linke sich fragen, ob sie jenen, die sie verachten, nicht tief im Herzen ähnlich sind: »Was mir an so vielen linken Aktivitäten mittlerweile so übel aufstößt, ist diese Unfähigkeit, aber oft genug auch stark ausgeprägte Weigerung, die Perspektive völlig anders sozialisierter Menschen einzunehmen. Zu einem ehrlichen Selbstbild gehört ebenfalls, dass ich mich ehrlich hinterfragen muss: Würde ich mich in ähnlicher Lage nicht auch über ›Ausländer‹ echauffieren, die von ›unseren Steuergeldern‹ leben und von ›der Politik‹ hofiert werden? Wären meine politischen Überzeugungen nicht ebenso diffus gegen ›die Reichen‹ und ›die Kanaken‹ gerichtet, und wäre ich nicht ebenfalls ›stolz ein Deutscher zu sein‹?«

Das ist, ich sage das bewusst in dieser Schärfe, die niederträchtigste und denunziatorischste Frage schlechthin. Es ist die Behauptung der kritisch von ihren Kindern befragten Nazi-Eltern: »Du hast gut reden, aber du, wir kennen dich doch, hättest gehandelt wie wir, wenn nicht schlimmer.« Es ist strukturell die nach 1945 so beliebte Frage an die Juden, ob sie nicht auch in der NSDAP gewesen wären, hätten sich die Nazis andere ›Untermenschen‹ zur Vernichtung auserkoren. Es ist strukturell die Frage der Gesinnungsprüfung, als es noch Kriegsdienstverweigerung gab. Im scheinbar einfühlsamen Argumentieren mit der sozialen Lage liegt die Beleidigung von Menschen, die historisch und heute sich dem Barbarischen verweigern.

– Drittes Beispiel: Wieder geht es nicht um Mindestlohn, Leiharbeit, soziale Frage oder Ähnliches, sondern um den Vorwurf, Lifestyle-Linke könnten nicht unbeschwert mitfeiern, wenn alle einfach ganz harmlos und richtig gut drauf sind. Beim Fußballweltmeisterschaftssommermärchen zum Beispiel habe ich versagt, als ich mit hochgezogenen Schultern durchs schwarz-rotgold verhängte Schanzenviertel lief und mir deutlich gemacht wurde, dass alles Lüge ist, was ein irgendwie alternatives, hedonistisches, zivilgesellschaftliches Anderssein seiner Bewohner behauptet. Meinen hilflosen Hass auf all den nationalistischen Dreck hätte ich auch ohne Adorno-Lektüre empfunden, aber es stimmt eben, dass es diese kleine Sequenz von Adorno gibt, und ich bitte, genau zu registrieren, wie Baron sie einleitet und kommentiert: »Es gibt ein Youtube-Video, in dem der Frankfurter Professor verschwurbelt über Gruppenverhalten schwadroniert.« Adorno sagt da: »Wird eine Fußballweltmeisterschaft vom Radio übertragen, so mögen selbst spektakulär verschlammte Gammler und wohlsituierte Bürger in Sakkos einträchtig um Kofferradios auf dem Bürgersteig sich scharen. Für zwei Stunden schweißt der große Anlass die gesteuerte und kommerzialisierte Solidarität der Fußballinteressierten zur Volksgemeinschaft zusammen. Der kaum verdeckte Nationalismus solcher scheinbar unpolitischen Anlässe von Integration verstärkt den Verdacht ihres destruktiven Wesens.« Kommentar Baron: »Die ›hype-abstinente‹ Linke, getrieben vom Wunsch ›den blöden Mob in seiner Lächerlichkeit darzustellen‹, holt zu diesem Zweck den Lehrstuhlphilosophen mit greiser Glatze und klobiger Brille heraus, der sich geschwollen ausdrückt und über etwas redet, wovon er keine Ahnung hat.«

Hier haben wir alles zusammen, was den kämpferischen Antiintellektualismus oder das gesunde Volksempfinden ausmacht: das verschwurbelte Schwadronieren, den Hinweis auf den Lehrstuhl – von unseren Steuergeldern finanziert –, Glatze, Brille sowie geschwollene Ausdrucksweise, die nicht Talkshow-kompatibel ist. Es ist ein Kompendium reaktionärer, sich auf das Argument demonstrativ nicht einlassender Vokabeln gegen Grübler, Nörgler, Miesmacher und Außenseiter. Das ist der Kern des Vorwurfs der Massenfeindlichkeit. Und es gibt Auskunft, wie die »populistischen Botschaften, die (unsere) einzige Waffe sind«, aussehen sollen. Übrigens ordnet Baron auch an: »Linke müssen sich von ihrem Bücherstudium abwenden.« Das ist die Anweisung zur Verblödung, aber immerhin verfasst von einem Buchautor, der diese despotische Botschaft nicht etwa auf den Klappentext schreibt, sondern im Schlusskapitel versteckt.

Ich komme zur Tendenz der Verteidigung des Bestehenden, zur Sehnsucht nach einem »Konsens der Demokraten«, zum Wunsch eines Aufgehens in der sogenannten Zivilgesellschaft, gerade auch in Kreisen, die sich als radikale Linke verstehen. Mein erstes Beispiel ist der Aufruf »Aufstehen gegen Rassismus«. Er enthält viele richtige Aussagen gegen die AfD. Er ist von zahlreichen Verbänden, von Gewerkschaftsgliederungen, von der kompletten Spitze der Grünen, von der Partei Die Linke sowie von der Interventionistischen Linken und der Berliner Sektion des »Ums Ganze«-Bündnisses unterzeichnet worden. Wir haben es dabei mit einer Reproduktion der Lichterketten der frühen neunziger Jahre zu tun, die sich gegen die rassistischen Pogrome und Morde wandten und sich zugleich geradezu dogmatisch darauf festgelegt hatten, dass die seinerzeitige Abschaffung des Asylrechts kein Gegenstand ihrer Umzüge sein dürfe. Der Umgang mit Flüchtlingen sollte allein Aufgabe der staatlichen Gewaltmonopolisten sein.

Auch der aktuelle Aufruf ist von dem geprägt, was er nicht enthalten darf, nämlich alle Schrecknisse etwa der diversen Asylpakete und alle Maßnahmen und internationalen Abkommen zur Wiederherstellung der Festung Europa. Exemplarisch sagt die Abgeordnete der Linkspartei, Christine Buchholz: »Differenzen in der Flüchtlingspolitik sollten nicht darüber entscheiden, ob wir gemeinsam gegen rechts demonstrieren oder nicht.« Nun verantwortet allerdings die Staatspolitik gegenwärtig ungleich größeres Leid und ungleich mehr Todesopfer, denn die Ertrinkenden im Mittelmeer sind ebenso Opfer von Staatspolitik wie jene, die abgeschoben werden und daran zugrunde gehen. Es ist falsch, einen solchen Aufruf zu unterschreiben, weil er etwas zerstört bei jenen radikalen Linken, die es besser wissen. Welchen Lohn versprechen sie sich von dem Preis, den sie zahlen? »Es geht der Interventionistischen Linken durchaus darum, um Mehrheiten zu ringen«, lese ich, und genau dieser Anspruch sei die entscheidende »Abgrenzung zur radikalen Linken der neunziger Jahre«, der »Massenverachtung attestiert« werden müsse. Und dann, zur Parole gebündelt: »Es geht darum, mehrheitsfähig zu werden.« Dieser Anspruch ist vergiftet, aber ich will hier zunächst nur feststellen, dass das gigantisch anmutende Bündnis bei seiner bundesweiten Großdemonstration eine Teilnehmerzahl von 4.000 erreichte, was der »AK«, das Sprachrohr der Interventionistischen Linken, so kommentierte: »Für ein Bündnis mit dieser anvisierten gesellschaftlichen Breite eine fast schon beschämende Zahl. Die inhaltliche Zahnlosigkeit hat also nicht einmal etwas gebracht.« Dazu, mit einem realistischen Blick auf Zivilgesellschaft, Massen und die eigene Randständigkeit nach Gründen dafür zu suchen, sind sie allerdings nicht in der Lage.

Mein zweites Beispiel braucht einen Umweg über Österreich, der dann aber nach Deutschland führt. Der grüne Bundespräsidentschaftskandidat (und jetzige Bundespräsident) Van der Bellen, behauptet der Autor der »Jungle World«, sei ein Repräsentant der »Zivilgesellschaft«, und diese sei ein ganz schön aufregender, bunter Haufen: »Linksalternative fanden sich neben der katholischen Frauenbewegung wieder, altgediente Gewerkschafter neben einer feministischen Satirikertruppe, renommierte Schriftsteller neben jungen Wilden wie Stefanie Sargnagel und Industrielle neben Kommunisten.« Was eint diese politisch und sozial disparate Gemeinschaft, frage ich den Autor, und der antwortet:»Wenngleich knapp, haben die Optimisten gewonnen, diejenigen, die sich den wandelnden ökonomischen Verhältnissen anpassen können oder diese wenigstens nicht fürchten.«

Optimist bin ich nicht, die Doktrin des »Positive Thinking« halte ich für tyrannisch, Anpassung ist auch nicht meine Stärke, ich gehöre also wohl nicht zur Zivilgesellschaft. Da belehrt mich der Autor schon über weitere Eigenschaften des Milieus: »Van der Bellen ist der Kandidat für diejenigen, die mit den Verhältnissen ihren Frieden gemacht haben.« Seltsame Kommunisten und junge Wilde und Linksalternative sind das, denke ich, dann überrollt mich des Autors abgeklärter Realismus: Auch mit Van der Bellen an der Staatsspitze »werden Flüchtlinge weiterhin um fünf Uhr morgens von der Polizei in Abschiebegefängnisse verschleppt, werden andere Flüchtlinge weiterhin zu Tausenden im Mittelmeer ertrinken, wird man die im Produktionsprozess überflüssig Gewordenen weiterhin demütigen«. Und?, frage ich. »Aber es wurde wenigstens ein Kandidat österreichischer Bundespräsident, der das alles nicht auch noch forcieren will«, der also, erlaube ich mir zu interpretieren, das gegenwärtige Maß an Demütigungen, Abschiebungen und Ertrinken im Mittelmeer für genau das richtige hält.

Aber Österreich hat doch bereits sehr früh von »Willkommenskultur« auf Abschottung umgeschaltet, war zentral für die Schließung der Balkan-Route, hat eine Obergrenze längst eingeführt. Höre ich den Außenminister, dünkt mir, die Faschisten sind schon an der Macht. Die Sozialdemokraten koalieren im Burgenland mit den Rechtsradikalen, die ÖVP tut's in Oberösterreich, beide konkurrieren darum, wer mutmaßlich den Koalitionspartner der FPÖ nach den nächsten Wahlen geben darf. Österreichs Staatspolitik hat sich dramatisch nach rechts verschoben, und es fehlt jedes Indiz, dass das aufhört. Und da soll beruhigend sein, wenn das so weitergeht? Van der Bellen hat vor diesem Hintergrund zwei Parolen plakatiert: »Für unser vielgeliebtes Österreich« und »Für Österreichs Ansehen im Ausland«.

Der zitierte Autor übrigens, Bernhard Torsch, gibt eine in seiner Logik schlüssige, auch Deutschland betreffende Generallinie aus: »Realpolitisch« – das ist das Credo aller Anpassung, Sätze, die so anfangen, kann man in die Tonne treten – »muss sich hinter Angela Merkel stellen, wer weiß, dass die einzig realistische Alternative zu ihr diejenige ist, die den Zusatz ›für Deutschland‹ im Namen trägt, die AfD. Noch nicht verrückt gewordene Linke haben also auch in Deutschland nur die Wahl ..., nämlich die Barbarisierung durch die Unterstützung der Kandidatin der bestehenden Verhältnisse zu bremsen.« Als könne die Barbarisierung nicht der demokratischen Politik innewohnen, als gäbe es all die praktischen und rhetorischen Übungen, die das Wahlvolk beschwichtigen und ihren Wandel von der »Wir schaffen das«- zur Abschiebekanzlerin deutlich machen sollen, nicht, ihren Schulterschluss mit Seehofer, den man übrigens in Bayern wählen müsste, um dem Anforderungsprofil eines »nicht verrückt gewordenen Linken« zu entsprechen. Das ist die Logik der abschüssigen Bahn. Das ist die Perspektive der Unterstützung des Ultra-Reaktionärs François Fillon in Frankreich. Vielleicht – ich werde ungerecht – ist nach dieser Logik irgendwann auch Orbán gegen die Nazis von Jobbik zu unterstützen.

Im Ernst: In Deutschland ist jeden Tag zu beobachten, dass das Faschistoide aus der sogenannten Mitte legitimiert wird. So ein mehrseitiges, wohlwollendes, ihn als vielleicht kauzigen, aber doch auch belesenen rechten Intellektuellen, der nicht einmal den Holocaust leugnet, schilderndes Porträt des völkischen Aktivisten Götz Kubitschek im »Spiegel« (51/2016) ist doch ein deutliches Signal dieser Tendenz. Ich will mich prognostisch zurückhalten, aber es ist wahrscheinlich, dass sich mittelfristig durchsetzen wird, was Peter Radunski, der die Wahlkämpfe von Helmut Kohl geleitet hat und ein echter Vordenker ist, vorschlägt: mit der AfD sei »im parlamentarischen Prozess zusammenzuarbeiten« – in absehbarer Zeit »sollte die AfD nach Koalitionsbeteiligungen gefragt werden«, gefordert seien »Kraft, Mut und Weitsicht, um diesen Schritt mit der AfD zu gehen«.

Vielleicht ist so eine prognostische Spekulation auch gar nicht so wichtig. Ich sehe nach dem Terroranschlag in Berlin eine Sendung wie »Hart aber fair«. Es ist kein AfDler dabei, aber alle reden so wie die, alle reden, als seien nur AfDler anwesend. Außer Heribert Prantl von der »Süddeutschen Zeitung«, dem die Rolle des reumütigen und selbstkritischen Sünders zugewiesen war, die er gab, weil er mal was gegen Videoüberwachung gesagt hatte. Und um das ein bisschen auszubügeln, verlautbarte er dann nach dem Kölner Polizeieinsatz zu Silvester 2016/17, keiner vertraue ab jetzt so bedingungslos der Polizei wie er.

Simone Peter (Grüne) hatte ja zaghaft erwogen, es könne sich bei diesen Polizeiaktionen in Köln um Racial Profiling gehandelt haben. Die Empörung, die ihr entgegenschlug, hat sie belehrt, dass man heutzutage entweder ein paar Wahrheiten aussprechen oder Karriere machen kann. Ihre Entschuldigungen waren dementsprechend herzzerreißend, stehen aber immer noch auf dem Prüfstand der Glaubwürdigkeit. Kurzum: Was der Chef der AfD im Berliner Abgeordnetenhaus sagte, trifft den Nagel auf den Kopf: »Ob CDU,

CSU oder SPD, ob Sahra Wagenknecht oder Boris Palmer, sie alle bedienen sich großzügig bei der AfD. Dazu kann ich nur sagen: Die AfD wirkt. Wir haben nichts dagegen.«

Dass »die nächste Barbarei durchaus das fortbestehende Imperium der Zivilisation selbst sein kann«, ist ein Schlüsselgedanke bei Herbert Marcuse. Das wird mancher mit Blick auf das heutige Deutschland für übertrieben halten. Aber als minimale Aufgabe möchte ich festhalten, dass jenen progressiven und sich von reaktionären Entwicklungen überrollt sehenden Menschen in anderen Ländern, die sich von Merkel und Deutschland erhoffen, dieses möge ein Wall oder Stabilitätsfaktor gegen barbarische Tendenzen sein, widersprochen werden muss. Wo immer wir bei denen Gehör finden, müssen wir diese Fehldiagnose dementieren. Hermann Gremliza macht das Monat für Monat.

Was also tun? »Der Begriff ›links‹ bedeutet nichts mehr«, schreibt Rainer Trampert. Das stimmt. Und neben der Tatsache, dass der Keynesianismus an die Stelle der Gesellschaftskritik getreten ist, dass die Sehnsucht nach dem ganz anderen durch die Verbesserung des Bestehenden ersetzt wurde, muss angenommen werden, dass ein völkischer Nationalismus prägen oder mitprägen wird, was öffentlich als »links« wahrgenommen werden wird. Auszusprechen, dass eine Ordnung, die immer nur Sieger und Besiegte ermittelt, auch die unteren Schichten »nicht nur mit Haut und Haaren beschlagnahmt, sondern nach ihrem Ebenbild erschafft«, dass »Herrschaft in die Menschen einwandert« und viele »entmenschlicht«, wie Adorno es in seinen »Reflektionen zur Klassentheorie« nannte – dies auszusprechen gilt nicht als systemkritisch, sondern als »massenfeindlich«. Deshalb ist das auf der Hand liegende größte Manko dieses Vortrags, dass er kein Erfolgsversprechen enthält, außer dem, aus einer winzigen Minderheit vielleicht eine etwas größere zu machen. Ich stelle also unfreiwillig und nicht, weil ich eine schöne Seele oder ein Liebhaber heroischer Posen wäre, gegenüber den wirklich großen Entwicklungen meine und meines Lagers Wirkohnmächtigkeit fest.

Ich gebe zu, dass mich Autoren, die ich für kluge halte, die ich lese und die ich wertschätze, gegen sich aufbringen, wenn sie sich in der Pflicht sehen, zum Abschluss ihrer lesenswerten Arbeiten noch eine mutmachende Passage einzubauen. Markus Metz und Georg Seeßlen etwa, wenn sie am Schluss ihres Buches *Hass und Hoffnung. Deutschland, Europa und die Flüchtlinge*, all ihr analytisches und schriftstellerisches Können unterschreitend, formulieren: »So sieht sich die Zivilgesellschaft, ohne die es keine Demokratie geben kann, von allen Seiten, von innen wie außen bedroht. Vielleicht ist sie stärker als ihr Ruf. Jenen, die Grenzen und Augen schließen, ist entgegenzuhalten, dass die Zukunft offen ist. Und das ist wunderbar. Das ist der Tanz der Zivilgesellschaft, in Europa und darüber hinaus. Dieser Tanz der offenen Zukunft ist von vielen Seiten gefährdet. Um so wichtiger wird er.« Ich leg' gleich eine Platte von Hannes Wader auf.

Die Feststellung von Wirkohnmächtigkeit bedeutet keineswegs Abstinenz von Praxis, sondern Praxis im Bewusstsein, dass diese in konkreter historischer Situation mit einem Ringen um Hegemonie nichts zu tun hat, sondern Flaschenpost-Praxis ist. Der Begriff der Flaschenpost, wie von der Kritischen Theorie benutzt, bekennt, dass das, was man an der Gesellschaft kritisch begreift und womit man die Notwendigkeit ihrer Überwindung begründet – Minimum: der Nachweis, dass niemand auf der Welt hungern müsste, niemand unbehaust, von elementaren Konsumgütern und medizinischer Versorgung abgeschnitten sein müsste, Maximum: die Möglichkeit enorm reduzierter Arbeitszeit oder eine menschengerechte Art des nicht der Effizienz gehorchenden Arbeitens –, dass das keinen dem Kritiker bekannten Adressaten hat, kein revolutionäres Subjekt. Das impliziert, wie bei Flaschenpost üblich, die Hoffnung auf einen späteren, in der Gegenwart unbekannten Empfänger.

Ich will versuchen, diesen Begriff von Praxis, die eingestandenermaßen über keine Strategie verfügt, mit einigen Zitaten aus Herbert Marcuses *Eindimensionalem Menschen* herzuleiten und zu konkretisieren. »Die dialektische Theorie ist nicht widerlegt«, schreibt er, »aber sie kann kein Heilmittel bieten.« Sie könne »die geschichtlichen Möglichkeiten, ja Notwendigkeiten« einer befriedeten Welt aufzeigen, aber nicht die Potenziale in der Gesellschaft, die nach ihrer Realisierung streben. Deshalb spricht »aus theoretischen wie empirischen Gründen der dialektische Begriff seine Hoffnungslosigkeit aus«. Denn: »Ohne diese materielle Gewalt (der praktischen Rebellion) bleibt auch das geschärfteste Bewusstsein ohnmächtig.« Der Schluss dieses großartigen Buches lautet: »Die kritische Theorie der Gesellschaft besitzt keine Begriffe, die die Kluft zwischen dem Gegenwärtigen und dem Zukünftigen überbrücken könnten; indem sie nichts verspricht und keinen Erfolg zeigt, bleibt sie negativ. Damit will sie jenen die Treue halten, die ohne Hoffnung ihr Leben der Großen Weigerung hingegeben haben. Zu Beginn der faschistischen Ära schrieb Walter Benjamin: Nur um der Hoffnungslosen willen ist uns Hoffnung gegeben.«

Wer sind die Repräsentanten der Großen Weigerung und die Hoffnungslosen? Zuerst denke ich an jene Linken, Progressiven, Modernen, die machtlos eingeklemmt sind, wo das Falsche gegen das Falsche kämpft. Etwa die sehr kleine Gruppe in Ägypten, die schuldlos absolut nichts zu bestellen hat, die sich kaum rühren kann, wo die wirkmächtige Schlacht zwischen Militärdiktatur und Muslimbrüdern tobt. Ähnliches gilt für viele Länder. Niemand sollte da nach Fehlern suchen. Mit dem Rücken zur Wand steht die türkische Linke da. Mit ihnen, möglichst auch praktisch, verbunden zu sein, und sie nicht nach dem Maßstab von Erfolg und Misserfolg zu beurteilen, ist zentral.

Zweitens, und hierbei handelt es sich nicht um Repräsentanten der Großen Weigerung, aber der Hoffnungslosigkeit, von der Walter Benjamin sprach: die Flüchtlinge. Nichts ist isolierter, aussichtsloser, marginaler, chancenloser als der Wunsch, 2017 möge ein Jahr sein, in dem es noch einmal eine Million nach Deutschland schafft. Der Ausdruck dieses Wunsches ist oft nur eine hilflos-symbolische Geste, die ich verteidige. Wenn die bayerische Antifa ein Sommercamp in einer mittelgroßen Stadt mit zentralen Flüchtlingseinrichtungen und Abschiebeknast veranstaltet, dann erlebt sie, dass es praktisch keinen Kontakt mit der örtlichen Bevölkerung gibt, die die Rolläden runterlässt und die Ruhestörung missbilligt. Dadurch fällt auf die Aktion kein Makel, weil sie ein Merkposten ist, eine praktische Flaschenpost war. Und den gleichen Posten markieren jene, die, sagen wir: in Thüringen mit seinem linken Landesvater gegen die Abschiebungen Richtung Westbalkan protestieren. Auch sie sind wenige und isoliert und wertvoll.

Drittens ist praktisches Handeln immer möglich zur Rettung Einzelner. Wirkohnmächtigkeit ist ein nicht so leicht zu verkraftender Zustand. Ich sage das als jemand, der wirklich nicht gramgebeugt durch die Gegend läuft. Ich bin überzeugt, dass das jüdische Wort, nach dem, wer einen Menschen rette, die Menschheit rette, ganz und gar zutrifft. Und wenn überwältigende Mehrheiten einverstanden sind, dass in einer Aktion, die jetzt anläuft, zu überprüfen sei, welcher Flüchtling sich hier mit falscher Identität aufhalte und deshalb auf die Liste der Abzuschiebenden in diese absurderweise sichere Herkunftsländer genannten Höllen gesetzt gehöre, dann sind, wie wenige das auch sein mögen, Passfälscher, Falsche-Identität-Besorger, Falsche-Attest-Aussteller, progressive Fluchthelfer, Illegalen-Zugang-zu-medizinischer-Versorgung-Ermöglicher, Menschenverstecker zu ehren. Niemand möge sich durch diese Feststellung erpresst fühlen zu Mut oder Tollkühnheit, die ihm oder ihr – oder mir – nicht entspricht. Schon Spenden in diese Richtung drückt ja eine Haltung aus. Politisch gesprochen wünsche ich mir ein Bündnis zwischen Gesellschaftskritikern und konsequenten Humanisten.

Nein, das ist nicht alles, ich weiß, wir demonstrieren weiter im Handgemenge. Aber ohne diesen Aspekt ist alles wertlos. Ansonsten gilt, was Herbert Marcuse nach langem Nachdenken als Inschrift auf seinem Grabstein verfügte: Weitermachen.

Heimatfreunde dulden keine Nestbeschmutzung

Reaktionen in der Tageszeitung »Neues Deutschland«
zu einem Beitrag von Thorsten Mense:

Das hier ist tatsächlich der dümmste Text, den ich dem Zusammenhang bisher gelesen habe. Zu behaupten, »›Heimat‹ ist im Kern eine völkische Idee« ist bemerkenswert töricht und geschichtsvergessen. Denn wenn das stimmen würde, wären die Autoren des Moorsoldaten-Liedes oder der »Thälmann Kolonne« wohl einer ganz fiesen völkischen Kampagne aufgesessen, als sie im KZ gefangen waren oder im spanischen Bürgerkrieg gegen Franco kämpften. Beide Liedtexte beziehen sich nämlich positiv auf den Begriff Heimat. Offensichtlich kann das Märchen von dem angeblich völkischen Charakter des Begriffs Heimat nicht stimmen ... Wer sowas propagiert will die Linke in die gesellschaftliche Isolation treiben, denn so einen Quatsch vollzieht niemand außerhalb der linkssektiererischen Blase nach. Mit den Ebermännern dieser Welt hat man noch nirgends im antifaschistischen Kampf einen Blumentopf gewonnen.

Zu diesem sinnfreien Artikel fällt mir nur das Wort Schwachsinn ein ...

»Heimat« ist der Bereich, wo »man einfach hin gehört«! Dafür gibt es einfach keinen anderen Begriff! Bloß, weil Rechte und Rechtskonservative dem Heimatbegriff ihren Rechtsdrall verpassen heißt das noch lange nicht, daß er damit »rechts« geworden ist! »Heimat« hat sogar noch den Vorteil, daß sie sich »jenseits von Nationalität« abspielt! In Moabit und Laubach, in Oberhessen – beides ist & war meine Heimat – gehören die »Schwarzköpfe« genau so hin wie alle anderen. Man grüßt sich, wenn man sich kennt, geht freundlich miteinander um, man kennt sich. Und Fremde sind fremd, egal ob sie dicke Autos fahren oder zu Fuß gehen, egal welche Hautfarbe sie spazieren tragen. Wer fremd ist fällt auf, weil er vorher nicht da zu sehen war. Das ist Heimat!

»Heimat« ist etwas, das jeder Mensch hat. Schliesslich sind wir biologische Wesen. Da ist es natürlich, wenn wir mit dem Landstrich samt seiner Sitten, Traditionen und Bräuche verbunden sind. Der Fakt, das sie das verneinen und uns allen dieses Gefühl nehmen wollen, zeigt, wie sehr sie schon geschädigt sind.

Ganzen Völkern die Heimat zu nehmen hat Tradition im Kommunismus. Entwurzelt lassen sich die Menschen besser herumschubsen.

Ganzen Völkern die Heimat zu nehmen, das hat in Rom begonnen und 1906 in Berlin, da gab es noch keinen Kommunismus, aber den Kapitalismus. und das Resultat ist diese Völkerwanderung die nicht mehr aufzuhalten ist. Zu recht.

Imperialismus zerstört der Völker ihre Heimat – der Sozialismus schützt die Heimat der Völker.

»Glaube, Sitte, Heimat« – der Leitspruch eines Schützenvereins seit über 100 Jahren hier in Düren. Das wird sich in Zukunft nicht ändern, kaum ein Mitglied davon ist rechts eher links gerichtet. Und niemand steht dem Leitspruch negativ gegenüber.

In dem Maße, wie wir unsere Heimat und damit die eigene Identität verleugnen, gefallen wir uns darin – kosmopolitisch wie wir sind – mit allen anderen sehr nachsichtig zu sein, da wir ihnen zugestehen, was wir uns selbst verbieten – »kultursensibel« zu sein.

Ihr solltet mal ganz dringend ein paar euer Autoren kündigen ...

Heimat bedeutet für mich »zu Hause« zu sein. Da wo ich mich wohl fühle. Da wo ich eine Aufgabe hab. Niemand braucht eine Heimat mehr? Das wird entwurzeln ...

Heimat ist da, wo man/frau sich zu Hause fühlt, Freunde u. ggf. Familie hat. Warum das aus (pseudo) linker Sicht nicht mehr gebraucht wird, ist nicht nachvollziehbar. Guter Beitrag um sich gesellschaftlich zu isolieren.

Wenn du nicht weißt woher du kommst, kannst du nicht wissen wohin du gehen willst. Somit bist du ein Blatt im Wind und den skrupellosen ausgeliefert!

welcome to gagaland. das nd ist schon da

Sinnfreies Geschwurbel, fern ab jeder sozialistischen Idee, die der Aufklärung, Aufrichtigkeit und Faktentreue die Treue hielte.

Haha was für ein trottelartikel und natürlich wittert ein roter flora freak was von Antisemitismus wo keiner ist. Der is insgeheim doch nur traurig auf seine friends in Israel welche von heimat sprechen können ...

Das Humankapital will jetzt auch noch ne Heimat haben, Frechheit, das muss auf jeden Fall verhindert werden sonst funktionieren die nicht wie sie sollen.

Kosmopolitentum ...

Kosmopolitismus der 80er Jahre hat mit Marx nichts zu tun. Marx würde euren »kritischen« Journalismus zerschmettern.

Wer kein Heimatgefühl kennt ist zu bedauern.

Gar schrecklich ist es, wenn Theorien in die Hände drittklassiger Geister fallen. Je weniger sie verstanden haben, um so apodiktischer wird es vertreten. Da muss dann ausnahmslos alles falsch sein, nur weil Rechte es auch sagen. Ich stelle mir gerade Marx vor, wie er mit Heine in London oder Paris bei einem guten Wein sitzt und an die Heimat denkt....Oder einen Hamburger, der nichtsahnend in den Kölner Karneval gerät....Oder einen Flüchtling, dem man ernsthaft erklärt, er sei vor seiner Heimat geflohen....
P.S. Wenn Marx sagte, dass der Proletarier kein Vaterland hat, dann muss man schon genau hinhören. Er hat nämlich nicht gesagt, dass er keine Heimat hat.

Und genau ihr seid das beste Beispiel warum es den Rechtsruck gibt. Bei so einer sinnfreien Scheisse würd ich auch denken dass alle Linken ein richtiges Brett vorm Kopf haben.

Selbst die erfolgreichsten Kommunisten (Ameisen,Termiten etc) haben eine Heimat (Ihren Bau) und verteidigen den auf Teufel komm raus

Wenn »Linke« das tun, können sie sich gleich mit ins neoliberale Lager einreihen, genug Platz ist da sicherlich noch.

Die Frage ist vielmehr, warum so viele noch immer auf die Konditionierung alliierter Umerziehung anspringen und das Gleichnis »Patriotismus = rechts = böse« (man ersetze »Patriotismus« durch »Heimat«, kommt aufs selbe raus) derart kritiklos hinnehmen und die Deutungshoheit darüber, was patriotisch und Heimat ist, derart kampflos den Rechten überlassen... sind viele von uns derart bequem geworden, dass man das Denken lieber anderen überlässt, statt selbst zu denken und Heimat auch konstruktiv zu gestalten, zu einem lebens- und liebenswerten Ort zu machen?

Jeder Mensch hat ein Recht auf Heimat! Heimatliebe selbst ist kein Verbrechen, es kommt jedoch darauf an, WIE man sie zeigt! Wer etwas für das Allgemeinwohl tut, zeigt damit schon eine gewisse Heimatliebe, weil man damit etwas Gutes für seine Heimat und die dortige Gemeinschaft macht. Das kann jede*r tun, es gibt viele Möglichkeiten. Engagiert euch! Wer aber nur Hass verbreitet, tut dem Gemeinwohl damit keinen Dienst, sondern ist ein Teil des Problems. Das gilt für Rechte genauso wie für religiöse Extremist*innen und eben auch für die sog. »Antideutschen«...

Also ist man in eueren Augen Rechts wenn man sagt ich kämpfe für meine Heimat Politisch sowie Moralisch, bin nicht Rechts aber wenn ich so ein scheiss lese könnte ich kotzen.

In großen Teilen pseudokritisches Gesabbel mit etlichen unbewiesenen Behauptungen, das den antideutschen Hintergrund ahnen lässt und in seiner Konzeptlosigkeit eher die Interessen der Herrschenden vertritt.

Ja, niemand braucht eine Heimat. Nur ein Smartphone, Google, Amazon und PayPal..... Ihr seit die besten Steigbügelhalter der Finanzjongleure. Kriegt ihr das bezahlt, oder streichen die Kapitaleigner euren Beitrag für Umme ein?

Bis die Linke diesbezügl. aktiv geworden ist, haben wir Verhältnisse wie 1933. Alleine schon deshalb, weil eine Breite Masse der Definition des Autors nicht folgen kann und haltsuchend den einfachen Angeboten folgt. Somit darf der Begriff Heimat nicht den Rechten überlassen werden.

Zuschrift der »Königlich Bayerischen Antifa«:
Würden wir zustimmen, müssten wir schließlich unseren Laden zusperren... Der Artikel macht es sich unserer Ansicht nach zu einfach in seinem eindi-

mensionalen Umgang mit dem Begriff Heimat. Heimat ist kein im Kern »völkischer« Begriff, Heimat ist (selbst in seiner emotionalisierten Verwendung) älter als die völkischen Bewegungen und seinem Wesen nach antinationalistisch. Heimat als sozialer und emotionaler Raum ist engstens begrenzt, auf eine Dorfgemeinschaft, einen Stadtteil, alles was sich tatsächlich menschlich überblicken lässt. Und auf dieser Ebene ist »Heimat« eben auch unauslöschlich neurologisch in unseren Köpfen verankert. Die Idee einer »völkisch« konstruierten »Nation« ist das genaue Gegenteil dieser realexistierenden Heimat. Das ist übrigens auch der Grund, warum Nationalisten seit 150 Jahren verzweifelt diesen Heimatbegriff für sich beanspruchen, weil er gefährlich für sie ist und der schwächste Punkt ihrer Ideologie. Ihnen in diesem unrechtmäßigen Anspruch ohne Not einfach Recht zu geben, halten wir für unsinnig. Heimat, zumindest jenseits vom direkten emotionalen Bezugrahmens des tatsächlichen Zuhause, ist eine völlig leere und trotzdem wirksame Hülse, und wir sehen nicht, warum wir die nicht mit unseren Inhalten füllen sollten, eben mit dem Ziel, diesen politischen Hebel nach Rechts unwirksam zu machen. Wir glauben nicht, dass man sich den ideologischen Ekel vor etwas, was Rechte so lange in den Fingern hatten, heute noch leisten kann oder darf. Heimat war und ist eine wirksame politische Waffe, lassen wir sie doch nicht einfach so rumliege. Antifaschistische Heimat ist flexibel.

»Im fernen Vaterland geboren,
nahmen nichts als Hass im Herzen mit.
Doch wir haben die Heimat nicht verloren,
unsre Heimat liegt heute vor Madrid.
Spaniens Brüder stehn auf der Barikade,
unsre Brüder sind Bauer und Prolet..
Vorwärts, Internationale Brigade –
Hoch die Fahne der Solidarität!«

Der Artikel von Thorsten Mense kann unter
www.heimatfeindschaft.de nachgelesen werden.

Literatur

Theodor W. Adorno (1951): *Minima Moralia*
Theodor W. Adorno (1961): »Meinung, Wahn, Gesellschaft«,
in *Kulturkritik und Gesellschaft II*
Theodor W. Adorno (1975): »Reflexionen zur Klassentheorie«,
in: *Gesellschaftstheorie und Kulturkritik*
Jean Améry (1977): »Regionalismus. Notwendigkeit, Ideologie – oder
Ersatzrevolution? Randnotizen zur Publikation ›Thema: Regionalismus‹«,
in: *Werke 7. Aufsätze zur Politik und Zeitgeschichte*
Argument-Verlag: *Historisch-kritisches Wörterbuch des Marxismus*
Christian Baron (2016): *Proleten, Pöbel, Parasiten.*
Warum die Linken die Arbeiter verachten
Johannes R. Becher (1952): *Schöne deutsche Heimat*
Ernst Bloch (1962): *Erbschaft dieser Zeit*
Ernst Bloch (1977): *Thomas Müntzer als Theologe der Revolution*
Ernst Bloch (1985): *Das Prinzip Hoffnung*
Sebastian Chwala (2015): *Der Front National*
Oliver Decker / Elmar Brähler (Hrsg.) (2018): *Flucht ins Autoritäre.*
Rechtsextreme Dynamiken in der Mitte der Gesellschaft
Götz Eisenberg (2016): *Zwischen Arbeitswut und Überfremdungsangst*
Didier Eribon (2016): *Rückkehr nach Reims*
Eike Geisel, Wolfgang Pohrt, Ingolf Schulte (konkret 9/1981):
»Glossar zum XX. Jahrhundert«
Hermann L. Gremliza (konkret 7/2018)
Robert Habeck (2018): *Wer wir sein könnten.*
Warum unsere Demokratie eine offene und vielfältige Sprache braucht
Stefan Hebel (2016): *Sehr geehrter AfD-Wähler, wählen Sie sich nicht unglücklich*
Wilhelm Heitmeyer (2010): *Deutsche Zustände*
Hannes Hofbauer (2018): *Kritik der Migration. Wer profitiert und wer verliert*
Herbert Marcuse (1967): *Der eindimensionale Mensch*
Karl Marx / Friedrich Engels (1890): *Manifest der kommunistischen Partei*
Markus Metz / Georg Seeßlen (2016): *Hass und Hoffnung.*
Deutschland, Europa und die Flüchtlinge
Elisabeth Moosmann (Hrsg.), Periodikum Ästhetik & Kommunikation (1980):
Heimat – Sehnsucht nach Identität
Oscar Negt (2009): *Der politische Mensch. Demokratie als Lebensform*
Jan Palmowski (2016): *Die Erfindung der sozialistischen Nation.*
Heimat und Politik im DDR-Alltag
Guillaume Paoli (2017): *Die lange Nacht der Metamorphose:*
Über die Gentrifizierung der Kultur
Peter Pilz (2017): *Heimat Österreich. Ein Aufruf zur Selbstverteidigung*
Wolfgang Pohrt (konkret 11/1984): »Heimat«
Edgar Reitz Filmproduktion (BRD 1984): »Heimat«. Eine Chronik in elf Teilen,
931 Minuten
Bernd Stegemann (2018): *Die Moralfalle. Für eine Befreiung linker Politik*
Jörg Sundermeier (2010): *Heimatkunde Ostwestfalen*
Kurt Tucholsky (1929): »Heimat«,
in: Lindemann, Klaus (Hrsg.): *Heimat. Gedichte und Prosa*
Christoph Türcke (2006): *Heimat. Eine Rehabilitierung*
Wagenbach Band (1987): *Regionalismus*
Sahra Wagenknecht (2016): *Reichtum ohne Gier*
Slavoj Žižek (2015): *Der neue Klassenkampf. Die wahren Gründe für Flucht und Terror*

Dank

Dieses Buch ist ein ungeplantes. Ursprünglich ging es nur um die Recherche für ein Bühnenprojekt, zu dem Thorsten Mense und ich uns im Dezember 2017 verabredeten, und um ein Referat auf der heimatfeindlichen Konferenz im Oktober 2018 in der Roten Flora in Hamburg. Die Vorträge dieser Konferenz sind unter www.heimatfeindschaft.de dokumentiert.

Da die Arbeitsteilung zwischen Thorsten und mir keine starre Abgrenzung bedeutete, verschwimmt in ihrem Verlauf, wer welchen Gedanken zuerst formulierte. Viel Mense steckt also in diesem Essay.

Mit Hinweisen, Diskussionen und Material versorgt und überfordert haben mich immer wieder Peter Bremme und Dagmar Esser. Dagmar, dieses wandelnde Lexikon, weiß ganz alleine, welche Anregungen ich aus Gründen von Zeit und Kraft unbeachtet gelassen habe.

Christian Schmidt, mit dem ich viele Stunden über Ernst Bloch brüten durfte, wird es ähnlich gehen.

Svenna Triebler hat nicht nur meine vorzivilisatorische Macke, alles handschriftlich zu verfassen, in lesbare Form gebracht. Immer verbesserte sie auch – manchmal sogar kämpferisch: Dass despektierliche Bemerkungen über St. Pauli-Fans fehlen, ist ihr Verdienst oder ihre Schuld.

Hermann Gremliza – obwohl er diese Arbeit »eigentlich« nicht mehr macht – hat lektoriert. Zu betonen, dass ein Text dadurch besser wird, hätte mit Eulen und Athen zu tun. Sein Lob tat gut, und wo er tadelte, hatte ich auch meine Freude. Zu einer schnodderigen Bemerkung über den »Brunnen vor dem Tore«, schrieb er: »Das würde ich Dir nun doch gerne zensieren, weil« ... Wilhelm Müllers Verse schon Qualität hätten ... »und die Vertonung von Schubert, verzeih', unsterblich ...« sei. So hörte ich mit meiner Liebsten, die auch sonst zu jeder Unterstützung bereit war, einen ganzen Abend Schubert.